LOS EVANGELIOS
GNÓSTICOS

القدس
IERUSALEM
ירושלם

CÉSAR VIDAL

LOS EVANGELIOS GNÓSTICOS

Traducción y notas de César Vidal

EDAF

MADRID - MÉXICO - BUENOS AIRES - SAN JUAN - SANTIAGO - MIAMI
2007

© 2005. César Vidal.

© 2005. De esta edición, Editorial EDAF, S.L.

Cubierta: Ricardo Sánchez

Editorial EDAF, S. L.
Jorge Juan, 30. 28001 Madrid
http://www.edaf.net
edaf@edaf.net

Ediciones-Distribuciones Antonio Fossati, S.A. de C.V.
Sócrates, 141, 5° piso - Colonia Polanco
C.P. 11540 - México D.F.
edafmex@edaf.net

Edaf del Plata, S. A.
Chile, 2222
1227 - Buenos Aires, Argentina
edafdelplata@edaf.net

Edaf Antillas, Inc
Av. J. T. Piñero, 1594 - Caparra Terrace (00921-1413)
San Juan, Puerto Rico
edafantillas@edaf.net

Edaf Antillas
247 S.E. First Street
Miami, FL 33131
edafantillas@edaf.net

Edaf Chile, S.A.
Exequiel Fernández, 2765, Macul
Santiago - Chile
edafchile@edaf.net

Octubre 2007

Depósito legal: M. 43.704-2007
ISBN: 978-84-414-2006-9

PRINTED IN SPAIN   IMPRESO EN ESPAÑA
Anzos, S. L. - Fuenlabrada (Madrid)

Índice

Prólogo

EL mundo de la religión y el de la historia se relacionan inevitablemente, pues ambos conectan con lo más íntimo de la vida del hombre. Quizá por ello atraen tanto el interés científico como el popular.

Concretándonos en la época que tratamos, las fuentes históricas relacionadas con el Nuevo Testamento resultan igualmente sugestivas para el teólogo y el gran público.

Ante el historiador, el siglo primero de la era cristiana se despliega como un periodo enormemente atrayente por su peculiaridad y riqueza en acontecimientos, mutaciones e intercambios ideológicos y culturales. La «Pax romana» significaba, tras una etapa de convulsiones de todo tipo, un periodo de evolución. Eran tiempos de alteraciones, y tras ellos vinieron su asimilación y la esperanza que parecen ofrecer los tiempos nuevos. Pablo de Tarso llamaba a este periodo «La plenitud de los tiempos», calificándolo como el momento que Dios consideró apropiado para enviar a su Primogénito entre los hombres (Gálatas 4, 4).

No se equivocaba Pablo al considerar aquella época como un momento decisivo para la historia de la humanidad, no solo por sus acontecimientos, sino por el prolífico surgimiento de fuerzas e ideologías que enriquecen aún más si cabe aquel entorno histórico.

Walter Grundmann consideraba que este momento tenía unas condiciones favorables y únicas para la difusión del cristianismo y el desarrollo de las comunidades cristianas. Además de ser uno de los momentos más brillantes de la sinagoga judía helenística, también eran tiempos de comunicación y de intercambios espirituales y materiales en toda la cuenca del Mediterráneo.

Muchos han sido los avances en el conocimiento del periodo histórico Alto imperial romano, correspondiente a las dinastías Julio-Claudia y Flavia, debido al considerable aumento de su bagaje material y a la investigación del mismo.

Ciñéndonos al ámbito histórico-religioso palestino del joven cristianismo, dos descubrimientos históricos han despertado una atracción fuera de lo común, no solo entre los especialistas, sino también en el gran público.

Ambos descubrimientos, los dos documentales, fueron hallados de forma accidental a mediados del siglo xx y son considerados como material decisivo en el estudio del pueblo judío, de la época intertestamentaria y del cristianismo primitivo.

El primero de estos hallazgos fueron los Documentos del mar Muerto, encontrados en 1947 en las cuevas del Qumran, cuya publicación —por fin completa— ya ha tenido lugar en algunas lenguas extranjeras.

El segundo documento es el que ahora nos ocupa: la Biblioteca gnóstica de Nag Hammadi, así llamada al realizarse su descubrimiento en las cercanías de este enclave egipcio a finales de los años cuarenta. Ambos, en cierto modo, revolucionaron el tradicional conocimiento del cristianismo primitivo o, al menos, pudieron confirmar la hipótesis —ya propuesta por autores de la talla de Walter Bauer— de un posible polimorfismo detrás del fenómeno que supuso el mismo.

El cristianismo no ha sido, ni siquiera desde sus orígenes, un movimiento religioso monolítico. Ya en sus mismos comienzos se enfrentaron helenistas y judíos ortodoxos, y hubo disidencias entre Pablo y los herejes judaizantes que pretendían seguir guardando el sábado y mantener las disposiciones levíticas más rígidas.

Además, el cristianismo se vio pronto sometido a un combate con poderosas fuerzas espirituales y, en muchos casos, los cristianos optaron por asimilar, al menos en parte, algunas de sus terminologías, tal vez con la pretensión de hacerlas más accesibles a sus creyentes, produciéndose también su rápida difusión.

Una de estas fuerzas espirituales de las que hablamos fue el gnosticismo, y a ella pertenecen los documentos recogidos en este volumen.

Esta doctrina filosófica surgió con especial ímpetu como sincretismo religioso de creencias cristianas, judaicas y orientales en los dos primeros siglos de nuestra era. Aunque autores como Wilfred G. Davis consideran que tal doctrina arranca de la mitología primitiva babilónica, lo cierto es que influyó en el cristianismo primitivo en su versión helenística. Los defensores de esta doctrina trataron de conjugar sus elementos con las enseñanzas del cristianismo. El resultado fue un sistema ecléctico de teología, que pretendía contener la «gnosis» que capacitaba al hombre para trascender este mundo.

Aunque esta doctrina fuera calificada un tanto exageradamente, por Adolf Harnack, como la primera teología cristiana, nunca fue aceptada por el cristianismo, en el que encontró una dura y considerable oposición, pues —aunque su ética de conducta a veces era similar a la enseñada por el Maestro de Galilea, y pretendía apoyar sus creencias en las Sagradas Escrituras, interpretándolas a su conveniencia— el concepto de la Divinidad y el de la propia Naturaleza de Cristo, así como el camino de la salvación, diferían notablemente de la doctrina cristiana.

Sin embargo, la Iglesia primitiva llegó a temer el peligro de la confusión que el gnosticismo pudiera infundir entre sus fieles, como lo demuestra la famosa alusión de Pablo en su epístola a los colosenses contra posibles gnósticos incipientes: «Mirad que nadie os engañe con filosofías falaces y vanas, fundadas en tradiciones humanas, en los elementos del mundo y no en Cristo» (Colosenses 2, 8). Quizá la denuncia contra Himeneo y Fileto, a los que acusa de llevar «la impiedad con su palabra que cunde como la gangrena», pudiera referirse a la misma lucha contra los herejes gnósticos (2 Tim 2, 17).

El gnosticismo cesó virtualmente como doctrina en el siglo II. Aunque derrotado por el cristianismo, no fue solamente esta la causa de su caída, sino que también iba implícita en su propia esencia y entidad. Nunca constituyó una filosofía bien organizada, sino que más bien tuvo un desarrollo confuso y diverso, según sus predicadores y sus lugares de difusión, originando distintas ramas que fueron sistemáticamente tachadas de heréticas por la Iglesia primitiva.

Pese a que la influencia del gnosticismo se dejó sentir sobre el cristianismo durante más de cien años, después de alcanzado su apogeo, desaparecidos sus valedores y proscritas y destruidas sus escrituras, apenas se conocían fuentes directas de esta doctrina, teniendo que limitarse los interesados en la misma a referencias siempre negativas a este movimiento: Pablo, Juan, Ireneo y alguna alusión en los Hechos de los Apóstoles (Hechos 8, 9 y 24).

Ahí radica la importancia del descubrimiento de la Biblioteca de Nag Hammadi, que nos permite utilizar los únicos testimonios de primera mano de este movimiento religioso.

Por desgracia, y pese a mediar décadas desde su descubrimiento hasta hoy, nadie había abordado la importante tarea de traducirlos en su totalidad de su idioma original, el copto, al castellano.

Es cierto que habían aparecido algunas versiones traducidas del francés al castellano. Otras, partiendo del texto original, se reducían solo a textos concretos, como la traducción del Evangelio de Tomás. Pero lo cierto es que el lector, si deseaba tener en su totalidad los Evangelios gnósticos, se veía obligado a hacerlo en alguna lengua extranjera —generalmente en alemán o inglés—, por no haberse llevado a cabo esta necesaria tarea.

Por la inexistencia de una obra similar en castellano, total y directa, y por la importancia que para el estudio del cristianismo en general y del gnosticismo en particular revisten los evangelios de Nag Hammadi, la traducción comentada de César Vidal marca un hito en la investigación hispana en relación con este tema.

Su autor ha estado hasta la fecha dedicado al estudio del cristianismo primitivo —fundamentalmente en su corriente judeocristiana, con algunas incursiones en el terreno de la secta del mar Muerto— y al de los grupos espiritualmente heterodoxos. Por ello, y dada la preparación histórica del autor, se ha conseguido combinar con la imparcialidad exigida ambas líneas religiosas, tanto en el trabajo de investigación como en la traducción de los textos gnósticos.

No menos valiosos, en mi opinión, que la difícil e importante tarea que supone la traducción de los textos, son los estudios ofrecidos en la introducción general y en las particulares, así como las notas referidas a los diferentes libros, demostrando que el autor ha sabido adentrarse en el estudio del gnosticismo con la preparación, seriedad y responsabilidad que la investigación de documentos históricos de tal categoría exige.

Por ello, los comentarios incluidos en este volumen trazan de manera clara para el lector los contornos del gnosticismo y el espíritu de su doctrina, su desarrollo e impacto (demostrando que este movimiento heterodoxo fue uno de los más combativos y de mayor duración en la historia del cristianismo primitivo) y, finalmente, su posterior evolución en relación con la Iglesia primitiva.

Creo indispensable subrayar que, gracias a la condición de historiador del autor, su investigación no ha quedado detenida en la naturaleza religiosa del documento ni se ha acercado al tema del gnosticismo desde una plataforma exclusivamente filosófica o ideológica, por más que estas resulten importantes, sino que ha abordado el mundo del gnosticismo recogiendo todas sus aportaciones históricas, teológicas e incluso sociales y filológicas, conjugando todos estos elementos en un acertado y completo estudio sobre el fenómeno del gnosticismo.

Añadiría, finalmente, una referencia de singular y especial importancia: si los estudiosos del mundo antiguo nos complacemos con la labor realizada por el autor, pues llena un hueco en el estudio de los movimientos religiosos e ideológicos de los primeros siglos de la era cristiana, también se acerca este tipo de conocimiento a un sector cada vez más creciente de nuestra sociedad, que manifiesta sentirse atraído por las raíces históricas más profundas de nuestra cultura y de nuestra espiritualidad, aunque quizá contribuyan a estas aspiraciones el emerger de nuevas espiritualidades y también el reverdecer de antiguas supersticiones.

La objetividad, la seriedad y el valor demostrado por César Vidal al abordar un tema tan desconocido como complejo, revelan las posibilidades de este autor. De él esperamos nuevas y valiosas aportaciones, pues demuestra no intimidarse ni ante las dificultades ni ante la soledad del investigador de la Historia Antigua.

PILAR FERNÁNDEZ URIEL
Profesora Titular de Historia Antigua. UNED

Prefacio

La gnosis: Características definitorias

Pocos temas se han visto sometidos a un tratamiento más tendencioso o parcial que el de la gnosis [1]. Como diría Kipling en su inmortal *If,* parece que ha sido objeto de la mala interpretación de los necios y de la tergiversación interesada de los pillos.

Por un lado, diversas autoridades religiosas han manifestado un especial interés por desacreditar cualquier movimiento que escapara a la autoridad jerárquica, fuera o no gnóstico, y a partir de Constantino ciertamente el poder secular ha prestado no pocas veces soporte, y apoyo político y represivo de no pequeña importancia, a estos intentos. Como tendremos ocasión de ver, el conflicto Iglesia frente a gnosis ha sido largo y reñido, y el mismo hallazgo de los Evangelios de Nag Hammadi obedece precisamente a una de las fases de esa encarnizada batalla.

Por otro lado, no resulta menos cierto que bajo capa de gnosis se han ocultado (y se ocultan actualmente) grupos que en multitud de ocasiones nada tienen que ver con la misma, que persiguen aprovecharse del deseo de saber más que anida en cada ser humano y que, en algunos casos, son solo parte

---

[1] La palabra griega *gnosis* significa simplemente «conocimiento», sin ningún aditamento específico.

del fenómeno global que se denomina «sectas» o «nuevos movimientos religiosos».

Que la poco clara postura de algunos grupos solo ha servido para complicar el estudio de esta cuestión puede deducirse de manera indiscutible cuando uno tiene en cuenta que el Congreso de Mesina sobre el Gnosticismo y el Primer Seminario de Trabajo sobre Gnosticismo y Cristianismo Primitivo celebrado en Springfield, Missouri, del 29 de marzo al 1 de abril de 1983, por citar solo dos de los ejemplos más significativos, no consiguieron del todo disociar la idea de gnosticismo de una valoración negativa [2].

Añadamos a lo complejo del problema que, al menos en apariencia, «gnosticismos hay muchos», y que esto dificulta aún más el establecer unas líneas coherentes de diferenciación entre esta forma de pensamiento y otras. Si empezamos a estudiar gnosticismos como el de los mandeos mesopotámicos (existentes aún hoy en día), pasando por los grupos medievales de cátaros y bogomilos y concluyendo con gnosticismos presuntamente cristianos como los de valentinianos y sethitas, lo primero que puede observarse es una gran diversidad entre ellos y una aparente imposibilidad de colocar bajo el mismo rótulo a movimientos que dan la impresión no solo de ser contrapuestos, sino de estar ferozmente enfrentados.

Es mi opinión, sin embargo, que existen factores suficientes como para fijar un denominador común que nos permita hablar de la gnosis y no de diversas gnosis. Estas características, que, no obstante la polimórfica diversidad, resultan coincidentes en todos ellos, son el objeto de este primer apartado de nuestra introducción. Brevemente vamos a examinarlas.

---

[2] Véase, al respecto, C. W. Hedrick y R. Hodgson, Jr., eds., *Nag Hammadi, Gnosticism and Early Christianity*, Massachusetts, 1986, pp. 1-11.

El mundo material no es el lugar adecuado
para el ser humano

En primer lugar, la gnosis tiene una clara conciencia de que el mundo en que habita el ser humano es malo. Basta observar la historia, basta mirar en derredor, basta observar el entorno para descubrir que el ser humano se halla incardinado en un cosmos que es ingrato con él. En el seno del mismo no solo se halla sometido a los continuos avatares (por desgracia, pocas veces felices) de las diversas circunstancias políticas, sociales y económicas, sino también a elementos de esclavitud que se hallan ligados indisolublemente a su propia naturaleza humana: la enfermedad, el dolor, el envejecimiento y, finalmente, la muerte. Desear trascender estas realidades amargas es un anhelo que seguramente se pierde en la noche de los tiempos, pero la diagnosis y el remedio propuestos al respecto varían enormemente según quienes los propugnen.

Para la gnosis, la explicación de tal fenómeno residía en el hecho de que el Creador de nuestro cosmos (que no debe identificarse con el concepto vulgar de «Dios») era perverso *per se* y había dado ser a una creación malvada. Partiendo en algunos casos de una versión tergiversada del relato bíblico del Génesis, algunas formas de gnosis identificaban a este Dios malvado con el Yahveh del Antiguo Testamento.

No obstante, el hombre no compartía este carácter perverso de la Creación. Por el contrario, se negaba su carácter primigenio material. El alma humana no era sino una partícula de la luz de lo alto aprisionada en la materia. Adán había sido creado por el Demiurgo y sus arcontes (de hecho, el libro bíblico del Génesis sería obra no de la inspiración divina sino de Samael y sus ángeles perversos). Al clamor de Ialdabaot (¿una deformación de «Yahveh Sebaot» [Yahveh de las huestes]?) proclamándose el único dios, se le había opuesto una voz de lo alto que decía: «Yerras..., existe el Hombre». Es el mismo Ialdabaot (engañado por el Padre de lo alto) el que entregará la chispa de vida al cuerpo del primer hombre y también el que expulsará a la primera pareja del paraíso, después de copular con Eva, de la que tendrá a Caín y a Abel, no surgiendo la primera descendencia de Adán hasta Seth. Por lo tanto, el hombre ha caído, pero no por su pecado, sino por un conflicto con un poder tenebroso: el Yahveh del Antiguo Testamento.

Por ello, frente a la idea de una Creación buena corrompida por el pecado (cf. Génesis 1-3), la gnosis opone la idea de que la Creación es mala y obra de una divinidad perversa, el Demiurgo al que se identifica con Yahveh. Además, el hombre originalmente no pertenecía a la misma y no se ha visto reducido a su estado actual por su pecado, sino por la acción perversa de los poderes de las tinieblas. Esta misión gnóstica estaba destinada a tener una larga vida y volvemos a hallarla en clásicos de la masonería como *Morals and Dogma* de Albert Pike o en escritos de movimientos ocultistas como la Sociedad Teosófica.

Exclusión de la idea de pecado en un sentido judeocristiano

El relato breve que de los orígenes del mundo hemos expuesto en el punto anterior permite deducir el hecho de que así queda excluida la idea del pecado o de la falta original. El hombre no tiene que reconciliarse con el Creador, sino combatirlo como dios perverso en un esfuerzo por volver a su lugar primigenio.

Por ello, resulta inútil la idea de un Redentor (al estilo del Mesías judío o cristiano) para obtener la «salvación». El ser humano no debe tanto verse libre del pecado o la culpa (que, objetivamente, no existen) cuanto de una situación material y tenebrosa que lo aprisiona. La idea de un Dios que se encarna y muere por el hombre (como pretende el Nuevo Testamento) resulta para el gnóstico odiosa y repugnante. Solo puede ser interpretada desde su punto de vista como una perversión de la interpretación auténtica de la historia del cosmos. Cuando la gnosis intente captar la figura de Jesús en su teología tendrá en cuenta precisamente esos aspectos. Si el hombre desea realmente volver a su estado primitivo, no tiene que recurrir a ningún Redentor ni a ningún Dios encarnado. Lo único que debe hacer es apoderarse del conocimiento («gnosis») pertinente. Esto, además, se presentaba como algo especialmente urgente porque, en general, los grupos gnósticos se consideraban situados en los últimos tiempos [3]. Antes de la gran batalla cósmica entre la Luz y las Tinieblas, cada ser humano debía haber escogido bando.

A diferencia de la gnosis, las religiones bíblicas [4] (pero no las emanadas del paganismo) comparten la tesis de que el ser humano está inserto en un mundo inhóspito, pero no atribuyen tal hecho a una maldad intrínseca de la Creación, sino a un pecado primigenio, el de Adán y Eva, que trastornó el orden del universo. Así, tanto el judaísmo (Génesis 3) como el cristianismo (Romanos 5,12 y ss.) creen que la materia era primigeniamente buena y que solo se ha convertido en algo no malo pero sí dispensador de amarguras y pesares por culpa del hombre. Que las soluciones ofrecidas para trascender la triste situación presente deberían ser distintas es algo que cae por su propio peso.

---

[3] Para un estudio más a fondo del tema, cf. E. Petersob, «La libération d'Adam de l'Anáguite», en *Revue Biblique,* París, 1948, pp. 199 y ss.; H. Jonas, *The gnostic religión,* Boston, 1963, y la 1.ª parte del volumen 34 de la Encyclopédie de la Pléiade, París, 1972, dedicado exclusivamente al tema de la gnosis.

[4] Utilizamos la denominación «religiones bíblicas» en un sentido lato, refiriéndonos al judaísmo y al cristianismo en sus diversas ramificaciones no sectarias. Naturalmente, no incluimos entre las religiones bíblicas a aquellos grupos sectarios de corte seudocristiano que añaden una nueva «revelación» ya desvinculada del soporte bíblico, como es el caso de los Adventistas del Séptimo Día, los mormones o la Iglesia de Unificación.

La salida del estado actual solo puede operarse a través de la gnosis

Como hemos indicado, para los gnósticos, la salida del ingrato estado actual del hombre solo podría producirse a través de un conocimiento específico y primigenio: la gnosis. Este conocimiento, teóricamente, se originó en personajes tan perdidos en el tiempo como Adán, el primer hombre, o Seth, su primer hijo, nacido justo después de la muerte de Abel. Estos habrían consignado por escrito la gnosis, que, oculta durante milenios, saldría a la luz casi con cada uno de los nuevos movimientos gnósticos. Precisamente, esta necesidad de radicarse en un origen primitivo que proporcionara legitimidad a la gnosis es lo que explica la tremenda importancia que para la misma ha revestido el elenco de personajes bíblicos: Adán, Seth, Moisés, Elías y, sobre todo, Jesús. Enfrentada a autoridades religiosas que la consideraban fruto de la imaginación calenturienta de sus fundadores, cuando no de su carencia de escrúpulos, la única salida de la gnosis fue cobijarse bajo la invocación de personajes dotados de plena autoridad histórica [5].

Ante la multitud de religiones que, teóricamente, ofrecían solo groseras visiones del origen del mal y de la manera de librarse de él, los gnósticos se aferraban en teoría no al testimonio de una jerarquía o de un canon de Escrituras relativamente conocido, sino al testimonio del primer hombre (Adán) o de su primer hijo (Seth) o de maestros de valor indiscutible a nivel universal (Jesús).

---

[5] Para un estudio más detallado de la insistencia gnóstica en vincularse con estos personajes, véase M. Gaster, *The Asatir. The Samaritan Book of the Secrets of Mases*, Oriental Translation Fund, New Series 26, Londres, 1927; W. Beltz, *Die Adamapokalypse aus Codex V von Nag Hammadi*, Humboldt, 1970. Sobre el paralelo con la masonería posterior, véase C. Vidal, *Los masones*, Barcelona, 2005, c. I.

La moral es sustituida en la gnosis por la realización
de ritos mágicos y la captación de adeptos que se unan
al grupo de iniciados en el proceso de salvación

Al negar un proceso de redención y al afirmar la maldad intrínseca del mundo material, para la gnosis, la moral carecía de la importancia esencial que tiene en el judaísmo y en el cristianismo y que, a través de ellos, se ha filtrado, secularizada y transformada, en la cultura occidental. No se puede negar que un punto de vista así resultaba lógico. Si el hombre estaba preso en un cuerpo material, ¿cómo podía responsabilizarse de sus actos? Por ello, la gnosis iba a ofrecer ejemplos de comportamiento (en puridad no podemos hablar de modelos éticos) tan diversos como el ascetismo riguroso de maniqueos o mandeos, codificado de manera meticulosa y legalista, o la justificación de la orgía más licenciosa con el argumento de que no se podía juzgar, y mucho menos condenar, lo que hacía el miserable cuerpo material cuando lo importante era el espíritu [6].

Que esto solo podía enfrentarla con el cristianismo será algo que tendremos ocasión de ver más adelante, pero lo cierto es que en el ambiente histórico en que surgió no resultaba tan disonante como podría serlo en nuestra sociedad occidental actual.

La vida de los gnósticos no giraba, por tanto, en torno a una ética concreta tal como nosotros la entendemos. Eso era algo notablemente indiferente desde su punto de vista. Por el contrario, la vida en el seno del grupo resultaba lo más importante, una vida que giraba en torno a la articulación de los distintos individuos en células en las que se agrupaban de manera jerárquica

---

[6] No debe olvidarse tampoco que, al considerar a Yahveh como el dios perverso causante de la Caída de Adán y al Génesis como obra escrita por ángeles inicuos, el gnosticismo tenía que tender a resistirse a una moral judeocristiana, moral de «demonios» a fin de cuentas, si se seguía su punto de vista hasta la conclusión lógica del mismo.

y practicaban sus ritos secretos. Cuáles pudieran ser estos es algo que solo deja al historiador posibilidad de especulación.

La más importante (y casi única) fuente que poseemos es Epifanio, una especie de precursor de algunas organizaciones antisectas de nuestros días, que parece haberse dedicado a infiltrarse en distintos grupos para posteriormente denunciarlos a las autoridades y conseguir su proscripción. Fuente discutible, pues, para el investigador imparcial. Ahora bien, desbrozada la parcialidad de este autor, así como el sonsonete de burla de algunos otros (como Plotino), somos conscientes de algunos rasgos que caracterizaban la vida de estos gnósticos. Desde luego la ética no era lo más importante, tal como nosotros la concebimos [7]. Por el contrario, sí eran esenciales para ellos aspectos como su afán proselitista, sus reuniones secretas y su tendencia a celebrar ritos de corte «mágico» [8] en lugar de reuniones en las que impartir enseñanzas morales. A fin de cuentas, como ha señalado J. Doresse, la carne no podía ni impedir la redención de los elegidos ni participar en su redención. El punto de referencia fundamental debía ser, pues, la realización de actos que aseguraran la liberación final tal como se concebía en estos círculos, más que la obediencia a una ética personal y social concreta, pergeñada en torno a obligaciones y deberes.

En la gnosis, el adepto se siente parte de una élite

Todo lo señalado anteriormente permite poner de manifiesto que el gnóstico no sentía ninguna inquietud por este mundo, el cual no constituía una realidad que mereciese ser sal-

---

[7] Es cierto que se han hallado algunas reglas de abstinencia de determinados alimentos, pero no está claro que esto fuera algo general ni hasta qué punto se practicaba rigurosamente.

[8] Entendemos por ritos mágicos aquellos que tienen la pretensión de producir alteraciones en el mundo físico o espiritual mediante la realización de determinados procesos reglados verbales y orales. Por supuesto, no entramos en la consideración de si efectivamente conseguían su objetivo.

vada, sino un entorno repugnante del que huir. Imaginemos un barco en el que viajaran dos grupos distintos de pasajeros. De repente el buque comienza a hacer agua, pero las opiniones sobre lo que debe hacerse al respecto están divididas. Uno de los grupos considera que el barco debe ser salvado porque cabe tal posibilidad, ya que es el único entorno en el que no ahogarse hasta que llegue el equipo de rescate y porque además es digno de ello. El otro, por el contrario, alega que no importa dejar que el barco se hunda siempre que quepa la posibilidad de escapar hacia una realidad que además es seguro que resulta mejor que aquel cascarón. A fin de cuentas, el objetivo no es estar en ese barco para siempre sino llegar a puerto. Este ejemplo ilustrativo pone de manifiesto, a nuestro juicio, las diferencias esenciales de actitud entre judíos y cristianos, por un lado, y gnósticos, por otro. Mientras que los primeros creen en el carácter bueno de la Creación (aunque ahora no esté de manifiesto) y en la necesidad de mejorarla, los segundos, convencidos de su carácter perverso, no sentían ninguna preocupación hacia la misma.

A esto se debe que problemas como la justicia social, el hambre, la guerra, etc., no tuvieran ningún valor para los gnósticos. Mientras que tanto cristianos como judíos tenían sus propias instituciones de beneficencia, mientras que ambos grupos se manifestaron muy críticos hacia la Roma imperial (en el caso del cristianismo al menos hasta Constantino), y tomaron posiciones claras con respecto a la cuestión de la violencia[9], la gno-

---

[9] Recuérdese al respecto que hasta principios del siglo IV la postura de los teólogos cristianos fue tajantemente favorable a la objeción de conciencia y contraria por completo al hecho de que un cristiano pudiera formar parte del ejército. Véase J. M. Hornus, *It is not lawful for me to fight*, Kitchener, 1980; G. Nuttall, *Christian Pacifism in History*, Berkeley, 1971; J. Lasserre, *War and the Gospel*, Londres, 1962. Para un estudio de las fuentes primitivas cristianas sobre la objeción de conciencia véase también César Vidal, *Por qué ser objetor de conciencia*, Madrid, 1987, e ídem, *La objeción de conciencia* (tesis de licenciatura en Derecho en la Universidad Complutense de Madrid. Inédita). Una aproximación a las fuentes del pacifismo judío anterior a Jesús en J. H. Yoder, *The Politics of Jesus*, Grand Rapids, 1979.

sis permitía presuntamente a sus adeptos trascender de toda
esta prosaica problemática proporcionándoles la posibilidad de
huir (o más bien de evadirse) de este mundo ingrato (que no
merecía ser salvado ni redimido) con rumbo hacia otro al que
pertenecían verdaderamente. Era este un camino que cada adepto no iba a recorrer solo
pero al que tampoco todos tenían acceso. Solo los elegidos,
los que estaban dispuestos a aceptar la Luz, podían empren-
derlo y, por ello, las solidaridades entre los diversos adeptos
debían ser (y de hecho fueron) más estrechas que con cual-
quier otra persona [10]. Solo ellos conocían la verdad, pero es que además por eso
eran perseguidos y proscritos. De no existir el secreto, la solidaridad estrecha y el aislamiento de los problemas humanos,
la misma existencia del grupo peligraba. Gracias a estas características, precisamente, algunos de estos grupos gnósticos
pretenden haber perdurado hasta el día de hoy. Son colecti-
vos, por otra parte, en los que siguen dándose todos los rasgos que hemos señalado en este apartado.

El origen de la gnosis

Como habrá podido comprobar el lector en el apartado
anterior, resulta indiscutible la existencia de una serie de elementos comunes a todos los tipos de gnosis que, por eso
mismo, nos permiten hablar de GNOSIS en términos genera-

---

[10] Caería en un error el que viera en esta descripción de los gnósticos
solo aspectos negativos. La huida de la realidad de estos grupos los puso a
salvo, aunque fuera indirectamente, de tentaciones en las que con frecuencia cayeron otras ideologías, como el hecho de intentar controlar el poder
político en su beneficio o el de perseguir a los que no compartían su cos-
movisión. Los gnósticos no beneficiaron palpablemente a la sociedad en la
que vivían ni dejaron muestras perdurables en el campo de la ciencia, la
cultura o el arte, pero tampoco proscribieron a sus adversarios ideológicos
ni encarcelaron o ejecutaron a los mismos en el nombre de Dios.

les. Esta unicidad de características ha provocado que los especialistas hayan tendido a buscar un origen común a todas estas manifestaciones.

Ya en su día Reitzenstein indicó la posibilidad de que el gnosticismo se originara en la mitología de Irán [11]. Parecían abogar en favor de tal tesis algunos puntos de coincidencia, como el origen superior de las almas, la posibilidad del «regreso» basándose en una gnosis, un dualismo divino (dios bueno y dios perverso), etc. Aunque posiblemente el estudioso alemán exageró un tanto las influencias iraníes en el gnosticismo, no cabe duda de que la relación existe, pero ¿fue realmente el iranismo el origen de la gnosis o solo un vehículo transmisor? ¿Cabe la posibilidad de que iranismo y gnosticismo fueran descendientes de un antecedente ideológico común?

J. Doresse, posiblemente el primer especialista francófono en gnosticismo, ha abogado por la posibilidad de que el origen de la gnosis se halle en algún tratado griego, hoy perdido, del que habrían tomado sus tesis gnósticos e iraníes [12]. Nos hallaríamos, pues, no tanto ante una influencia iraní cuanto ante la búsqueda de un origen común. Tal posibilidad, que parte de un cierto helenocentrismo cultural, se nos antoja meramente hipotética y carece de base documental segura.

Desde nuestro punto de vista, resulta más verosímil la posibilidad de que el gnosticismo tenga raíces mesopotámicas [13]. De hecho, sabemos que en Babilonia, precisamente, el mazdeísmo se vio sometido a la influencia de la enseñanza sapiencial mesopotámica, como ha reconocido el mismo Doresse, y que fue así como nació el iranismo helenista de los maguseos. Cabe así la posibilidad de que el iranismo absorbiera el mito sumerio del descenso a este mundo de una deidad salvífica que baja a los infiernos para traer un conocimiento de las fuentes celes-

---

[11] Véase *Studien zum antiken Syncretismus aus Iran und Griechenland*, Leipzig y Berlín, 1926.

[12] Capítulo «La Gnose» en Encyclopédie de la Pléiade, París, 1972.

[13] Véase J. Bidez y F. Cumont, *Les Mages hellénisés*, París, 1938.

tiales, cuyas aguas permiten a la humanidad liberarse de la prisión carnal. Este mito sumerio, modelado con influjos iraníes, produciría, según nuestra opinión, la aparición de diversas sectas bautistas, de entre las cuales surgiría el gnosticismo. La supervivencia hasta el día de hoy de los mandeos constituye, tal como lo vemos nosotros, una prueba de que esta tesis es la que más se acerca seguramente a la realidad histórica.

Esta situación geográfica (de Mesopotamia al Jordán) explicaría también, desde nuestro punto de vista, la existencia de dos circunstancias de enorme importancia ligadas al gnosticismo. La primera es su tendencia a contemplar negativamente el entorno; la segunda su pronta adquisición de elementos del Antiguo Testamento y de los apócrifos judíos.

Con escasas excepciones, la zona en que se desarrolla el gnosticismo es una región geográfica en la que se hace difícil pensar en la bondad de la naturaleza. Buena parte de los territorios son desérticos, el clima es extremado y con enormes oscilaciones, y la situación social se presenta inestable y difícil. Una ideología que hiciera referencia a la huida de aquel entorno regresando a un medio más acorde con el ser humano sin necesidad de provocar ningún tipo de trastorno social, forzosamente tenía que resultar de recibo en aquel ambiente. Tal hecho venía además abonado por la circunstancia de que la misma utilizó por añadidura elementos inscritos en el subconsciente colectivo de algunos de aquellos pueblos (mesopotámicos, iraníes, etc.).

En segundo lugar, el gnosticismo entró en contacto con el judaísmo precisamente en un momento en que este veía crecer en su seno toda una serie de corrientes esotéricas que, aunque serían en parte expurgadas por el judaísmo rabínico, no cabe duda de que permanecieron insertas en el judaísmo de la cábala e incluso en algunos episodios del Talmud [14].

---

[14] Sobre las relaciones entre gnosticismo y judaísmo véase: J. Dan y F. Talmage, *Studies in Jewish Mysticism*, Cambridge, 1981; I. Gruenwald, «Aspects of Jewish-Gnostic Controversy», en Layton, *Rediscovery,* 2713-2723; G. Scholem, *Jewish Gnosticism, Merkabah Mysticism and Talmudic Traditions,* Nueva York, 1965.

De hecho, como ha demostrado, desde nuestro punto de vista, Birger A. Pearson, algunos de los escritos gnósticos, como el Apócrifo de Juan y el Apocalipsis de Adán, no se originaron en medios de influencia cristiana sino en círculos judíos[15]. Este enraizamiento del gnosticismo mesopotámico-iraní en el seno del judaísmo tendría consecuencias impensables para la historia de la gnosis, como veremos más adelante.

El Libro de Enoc, los Libros de los Jubileos, la Vida de Adán y Eva e incluso algunos de los escritos esenios de Qumran muestran influencias gnósticas o fueron utilizados por grupos gnósticos. Resultaba natural no solo por la cercanía, sino también porque el judaísmo proporcionaba todo un bagaje literario en el cual engarzar elementos gnósticos. Así, las dos historias de la Creación en el Génesis, el enfrentamiento entre Dios y Satanás en el relato de Job, las tradiciones sobre un linaje de profetas surgido de Adán y de Seth o las referencias a la estrella de Jacob en la profecía de Balaam (Números 24, 17) se encajaron casi sin suturas en los esquemas mentales gnósticos ya previos. No hace falta decir que aquella interpretación viciaba de manera total el contenido del judaísmo, pero también es cierto que proporcionaba, por su coherencia y atractivo, una tierra abonada para el arraigo de la planta gnóstica. Queda así indicada de manera clara una de las características más evidentes del desarrollo del gnosticismo: su carácter parasitario. La gnosis conservará siempre una serie de elementos primigenios (a ellos hemos hecho referencia en el apartado anterior), pero, a la vez, absorberá todo lo que pueda resultar atrayente en otras ideologías, aunque para ello deba descontextuarlo y cambiar su sentido.

Este gnosticismo judío tendrá empero una consecuencia de importancia histórica trascendental, y es el hecho de que permitirá a la gnosis ponerse en contacto con un movimiento espiritual que, en sus inicios, es medularmente judío: el cris-

---

[15] B. A. Pearson, «The problem of "Jewish Gnostic" Literature», en *Nag Hammadi...*, Massachusetts, 1986.

tianismo [16]. Una prueba evidente de esto la proporcionan los denominados gnosticismos cristianos, que, como ya hemos indicado, siguiendo a B. A. Pearson, en algunas ocasiones se limitaron a adaptar escritos gnósticos judíos a un supuesto gnosticismo cristiano. Estos movimientos resultaron tan poderosos que estuvieron a punto en su día de dar al traste con el cristianismo presentado en el Nuevo Testamento. Con una agudeza realmente admirable, diversos autores gnósticos captaron el impresionante atractivo que emanaba de la figura de Jesús y procedieron a instrumentalizarla dentro de sus respectivos esquemas de pensamiento. El desarrollo de ese proceso, a nuestro juicio, uno de los más fecundos dentro de la historia del pensamiento humano, es el relato de un combate encarnizado en el que ninguna de las partes dio cuartel, sabedoras de que la supervivencia de una implicaría la aniquilación de la otra. A su somera narración dedicaremos los próximos apartados.

El enfrentamiento entre gnosis y cristianismo

El Nuevo Testamento

La cuestión de la relación entre gnosis y cristianismo constituye una cantera inagotable de investigación y ha recibido a lo largo de los años enfoques muy diversos. Fundamentalmente, sin embargo, se han dado tres posturas, a cuyo común denominador pueden reducirse la inmensa mayoría de los acercamientos al tema.

---

[16] En relación con el carácter claramente judío del cristianismo inicial, véase de manera especial C. Vidal, *El judeo-cristianismo en la Palestina del s. I*, Madrid, 1992 e ídem, *Diccionario de Jesús y los Evangelios*, Estella, 1993. Además, pueden consultarse H. Schonfield, *El partido de Jesús*, Martínez Roca, Barcelona, 1988; D. Flusser, *Jesús*, Madrid, 1975, y B. Bagatti, *The Church from the Circumcision*, Jerusalén, 1984.

La primera, surgida durante el siglo XIX, interpretaba el Nuevo Testamento en función de las culturas clásicas griega y latina, hasta el punto de que A. von Harnack pudo hablar de «helenización del cristianismo» [17]. La gnosis no sería, pues, sino una helenización radical del cristianismo de Jesús. Tal punto de vista no nos parece hoy por hoy defendible, por cuanto, como hemos indicado antes, la gnosis es muy anterior a la aparición del cristianismo [18], y no depende tanto de él para su surgimiento cuanto que lo utiliza para su expansión. La segunda, defendida entre otros por H. Jonas [19], ha referido la gnosis no a un contexto helenista sino oriental, en el que se funden elementos mesopotámicos, iraníes, etc. Este punto de referencia es correcto, pero algunos autores cayeron en la presunción de identificar con gnosticismo cualquier referencia dualista o la simple utilización de contraposiciones (verbigracia, el prólogo de Juan), lo que constituye un error de no pequeñas consecuencias que ha resultado una auténtica plaga para historiadores y exégetas [20]. Por lo tanto, desde nuestro punto de vista, sería correcta la referencia al origen de la gnosis, pero más discutible la identificación de ciertos documentos como gnósticos.

Finalmente, una tercera, indirecta por otra parte, al estudiar el origen judío del cristianismo, ha puesto de manifiesto la existencia en el judaísmo de corrientes gnósticas precristianas de importancia radical [21].

---

[17] Véase, especialmente, A. von Harnack, *Geschichte der altchristlichen Literatur bis Eusebius*, Leipzig, 1983; *History of Dogma*, Nueva York, 1958, y *Studien zur Geschichte des Neuens Testaments und der Alten Kirche*, Berlín, Leipzig, 1931.

[18] En este mismo sentido, véase E. Yamauchi, *Prechristian Gnosticism*, Londres, 1973.

[19] Véase H. Jonas, *Gnosis und spatäntiker Geist*, Gotinga, 1964; *The Gnostic religion*, Boston, 1958, y *Philosophical Essays*, Englewood Cliffs, 1974, pp. 263-276.

[20] Como ilustración de esta utilización errónea del término *gnóstico*, véase M. Tardieu, *Introduction à la littérature gnostique*, París, 1986, pp. 34 y ss.

[21] Véase W. C. van Unnik, *Gnosis und Judentum*, Gotinga, 1978; K. W. Troeger, *Gnosis und Judentum*, Gütersloh, 1980, pp. 155-168, y G. Scholem, *Les Grands Courants de la Mystique Juive*, París, 1950.

Como se desprende del apartado dedicado al origen de la gnosis, el autor de estas páginas suscribe en parte las dos últimas posturas y considera inaceptable hoy en día la primera, pese al predicamento de que ha gozado durante décadas. El gnosticismo nace en un crisol iraní-mesopotámico, conecta posteriormente con ciertas corrientes del judaísmo y, a partir de ahí, logra sus primeros contactos con un movimiento espiritual de raíces judías: el cristianismo. Tales contactos no se produjeron, con toda seguridad, antes de la muerte de Jesús. No hay nada en el Nuevo Testamento con anterioridad a los años cincuenta del siglo I que ponga de manifiesto, ni siquiera lejanamente, ningún contacto con la gnosis. Aparentemente fue un problema que no tuvo lugar dentro de la trayectoria vital de Jesús ni de sus apóstoles en Palestina. No obstante, esa ausencia de interferencia entre ambos movimientos sería breve y concluiría con la salida del cristianismo del ambiente puramente judío y su primera penetración en el mundo gentil o, quizá más exactamente, en los medios judíos del ámbito helenístico.

La gnosis y Pablo de Tarso

Por todo lo anterior, no es de extrañar que se acabe produciendo un enfrentamiento entre cristianismo y gnosis tras el contacto del más helenizado de los heraldos del primero (Pablo) precisamente con el mundo de la Hélade y los judíos de la Diáspora. Este contacto entre el apóstol de Tarso y los gnósticos será, como tendremos ocasión de ver, de enormes consecuencias, porque no solo delimitará las posturas de ambos, sino que además trazará un camino en el trato respectivo.

Las dos cartas de Pablo a los corintios escritas durante la década de los cincuenta del siglo I ponen de manifiesto la existencia de un conflicto de importancia entre Pablo y unos adversarios que, casi con total seguridad, provenían de ex-

PREFACIO 31

tracción gnóstica [22]. Los enemigos de Pablo en la congregación cristiana de Corinto se jactaban de tener una «gnosis» o conocimiento (1 Cor 1, 5, y 8, 1-2; 2 Cor 11, 4-6) que les había hecho gozar de un claro ascendiente sobre aquella. Del tenor de las cartas se desprende que los corintios predicaban a un Jesús esencialmente distinto del paulino. No era un Jesús terreno (1 Cor 1, 17, y 12, 3), no se concedía valor a su muerte en la cruz, se negaba la resurrección (¿cómo iba a tomar otra vez un cuerpo material, y por ello odioso, el Cristo gnóstico?), se despreciaba el valor de sacramentos como la Cena del Señor y se olvidaba la ética del amor (1 Cor 13) para sustituirla por experiencias de tipo extático dotadas de una apariencia realmente espectacular (profecía, don de lenguas, etc.), que, precisamente por eso, ejercían un enorme atractivo sobre los cristianos de Corinto.

No hace falta decir que todo aquel enfoque era para Pablo solo la predicación de «otro Jesús» (2 Cor 11, 4), radicalmente distinto del que él predicaba. Para el apóstol, lo central del mensaje precisamente era que Cristo se había encarnado, había muerto en la cruz y había resucitado, apareciéndose para probarlo a centenares de personas (1 Cor 15, 1 y ss.). Además, aunque no negaba las experiencias extáticas (si bien parece que durante toda su vida tuvo no pocas dificultades para integrarlas armónicamente en el seno de las comunidades fundadas por él), pensaba que estas debían ser controladas para discernir lo auténtico de lo falso y que, a fin de cuentas, lo más importante era la práctica del amor cristiano (1 Cor 13), sin el cual conocer todos los secretos de la «gnosis», así corno todos los misterios, no era nada (1 Cor 13, 2).

Este primer enfrentamiento entre los gnósticos y Pablo sirvió en cierta medida para delimitar las posturas defendidas

---

[22] No vamos a entrar aquí en la tan debatida cuestión de si las dos epístolas a los corintios fueron originalmente dos, tal como aparecen hoy en nuestras biblias, o cuatro. Para una defensa muy fundamentada de este último enfoque, véase J. W. C. Wand, *Lo que verdaderamente dijo san Pablo*, Madrid, 1971, pp. 65 y ss.

por ambas partes. Para aquellos, lo esencial era la adquisición de un conocimiento (gnosis) que permitía trascender la realidad actual y elevarse espiritualmente. Por eso la ética carecía de importancia; por eso las experiencias de éxtasis eran de sumo valor (hablar en diversas lenguas, profetizar, etc.), y por eso, en fin, Cristo no podía haberse encarnado realmente, ni muerto realmente ni, mucho menos, tomar de nuevo un cuerpo mortal en la resurrección. No hace falta decir que a tal visión se unía un rechazo de toda autoridad eclesial, ya fuese la de Pablo o la de cualquier otro, y que se oponía a la misma la tesis de las revelaciones directas. Dado que la misma congregación de Corinto era presa de divisiones entre los seguidores de diversos apóstoles, los gnósticos encontraron terreno abonado para sustituir la idea de una autoridad apostólica por otra experimental y basada en manifestaciones aparentemente sobrenaturales.

Por el contrario, la tesis de Pablo partía de la base de que tanto las Escrituras como la predicación primitiva de la Iglesia apoyaban la fe en que Cristo sí se había encarnado, sí había muerto y sí había resucitado. Esto, según el judío de Tarso, era de suma importancia porque ponía de manifiesto el amor de Dios, a la vez que la posibilidad del perdón de los pecados mediante la muerte de Cristo en la cruz y la fe en el poder de la misma. Arrancando de esta visión, la respuesta lógica era una nueva vida en la que las experiencias extáticas (aunque, insistimos, no parece que entusiasmaran a Pablo de un modo especial, dado su carácter fácilmente falseable y manipulable) no eran negadas por sistema pero sí muy relativizadas, ya que lo más importante a los ojos de Dios era el amor cristiano.

Algunos pasajes de la Segunda Epístola a los Corintios hacen pensar que, en una primera fase, Pablo obtuvo un éxito parcial, pero, como veremos más adelante, aquello no había pasado de ser, por utilizar términos boxísticos, un asalto de tanteo.

No volvemos a encontrar referencias a grupos gnósticos relacionados con el cristianismo paulino hasta la Epístola a los Filipenses. Esta vez la situación era más grave, porque Pablo se encontraba en prisión y no disponía del recurso de visitar a la congregación para imponer su autoridad. No obstante, quizá el conflicto revistiera menor envergadura. En la epístola parece hacerse referencia también a unos adversarios gnósticos del apóstol probablemente surgidos de la gnosis judía. Supuestamente existía un grupo en Filipos que no solo mantenía un fiel arraigo al judaísmo (Flp 3, 3-6), sino que además buscaba la perfección (Flp 3, 3 y 12-16) y las experiencias extáticas (Flp 3, 15) basándose en la «gnosis» (Flp 3, 8 y 10). Cabe la posibilidad de que se tratara de un grupo de judíos conversos provenientes del gnosticismo judío, o bien de un grupo de gnósticos judíos infiltrados en el seno de la congregación filipense.

La respuesta de Pablo fue la misma que en el caso de Corinto: Cristo, pese a ser Dios, se encarnó por la salvación de la humanidad (Flp 2, 5 y ss.), y el cristiano debe imitar su ejemplo en categorías fundamentalmente éticas (Flp 3, 19) y no referidas en primer lugar a experiencias extáticas.

No creemos realmente que las cartas a los tesalonicenses, a los gálatas y a los romanos contengan referencias a conflictos con gnósticos [23], pero sí nos parece indiscutible que estos se hallan latentes en las dirigidas a los colosenses, a los efesios y a Timoteo y Tito. En estos casos, surge además un elemento en la polémica que tendrá enormes consecuencias en el futuro: Pablo no solo combatirá a los gnósticos, sino que además reutilizará su lenguaje intentando demostrar que el cristianismo es una «oferta» espiritual mejor, a la vez que más completa y real [24].

---

[23] Una postura contraria en E. Cothenet, *La carta a los Gálatas*, Estella, 1981, y R. Kuntzmann y J. D. Dubols, *Nag Hammadi*, París, 1987.

[24] El autor de estas líneas considera que el peso de la evidencia externa e interna favorece la creencia de que estas epístolas fueron realmente escritas por Pablo y que no nos encontramos ante escritos más tardíos atribuidos al apóstol. Con referencia especial al paulinismo de las epístolas pastorales, cf. D. Guthrie, *The Pastoral Epistles*, Grand Rapids, 1979, pp. 11 y ss. Para un análisis de las relaciones entre estas epístolas y el gnosticismo, véase W. Schmithals, *The Corpus Paulinum and Gnosis*, Edimburgo, 1983.

Resulta claro que en Colosas había aparecido un grupo de corte gnóstico o muy influido por las doctrinas de la gnosis. Apreciaba, en efecto, este grupo de manera especial la gnosis (Col 2, 1 y ss.), que, para Pablo, se oponía a la verdadera sabiduría, la cual solo podía encontrarse en Cristo. Estos gnósticos parece ser que seguían dietas alimenticias específicas, que daban una importancia especial a la angelología y que valoraban en alto grado las revelaciones extáticas (Col 2, 16 y ss.). En términos generales, no parece que las diferencias fueran especialmente pronunciadas en relación con los gnósticos de Corinto y Filipos, aunque sin duda debió de tratarse de otro grupo.

La tesis de Pablo es medularmente cristológica. Si existe posibilidad de salvación para el hombre es porque Cristo, que es plenamente Dios, se encarnó (Col 2, 10) después de crear todo (Col 1, 15 y ss.). No solo la materia no es mala, sino que Cristo tiene desde el principio una clara relación con la misma. Aún más, sin la encarnación de Dios, sin la muerte en la cruz, sin carne encarnada, sin sangre derramada, no hay posibilidad de redención para el hombre (Col 1, 21 y ss.).

En todo esto, Pablo solo parece desarrollar temas que ya hemos visto con anterioridad. La novedad reside en que además pretende que el concepto de gnosis, de conocimiento espiritual, no es negativo e inaceptable *per se,* si bien no debe buscarse entre los gnósticos, sino en Cristo encarnado, muerto y resucitado (Col 2, 1-3). Por eso, lo importante no es la experiencia extática, sino la práctica del amor en todas las áreas de la vida (Col 3). Si los gnósticos llegaron a conocer la carta del apóstol, sin duda pensaron que este los combatía ahora en su mismo terreno, utilizando su terminología pero desvirtuándola al proporcionarle un contenido paulino. La figura de Pablo es una de las más geniales dentro del campo de la historia de las religiones, y no cabe duda de que su enfrentamiento con los gnósticos, por otra parte poco estudiado, constituye uno de los capítulos más brillantes de su trayectoria teológica.

La Epístola a los Efesios servirá a Pablo para dar un paso más en el enfrentamiento con la gnosis, al subrayar un aspecto solo contemplado de pasada en sus epístolas a los corintios: el papel de la Iglesia en la determinación de la verdad como factor de unitarismo entre las diversas corrientes cristianas. Para el apóstol de los gentiles ya no solo se trata de que los gnósticos enseñan algo contrario a su interpretación del mensaje de Cristo, sino que además se han colocado en un campo de acción susceptible de verse sometido a la disciplina eclesial. Atacan la unidad de la Iglesia (Ef 4, 3-6 y 13), olvidan la moral cristiana desvirtuando la imagen de Cristo (Ef 4, 17-24) y además se sitúan fuera de la Iglesia, edificada sobre una base de apóstoles y profetas legítimos (Ef 2, 20 y ss.) que los gnósticos o contradicen o se permiten pasar por alto. En pocas palabras: no hay sitio en la Iglesia para ellos, y si se encuentran en su seno es por puro error.

Si hasta ese momento Pablo no había aceptado dar el calificativo de cristianos a los gnósticos, puede decirse que a partir de entonces les niega un lugar bajo el sol de la Iglesia y pretende movilizarla contra ellos con la fuerza de toda su organización (y no solo con la de su propia autoridad apostólica como hizo en el caso de Corinto).

La consumación paulina de esta nueva actitud la podemos ver en las epístolas pastorales. Estas vuelven a dibujar ante nosotros un tipo de gnosticismo (casi con seguridad de origen judío) con el que ya estamos familiarizados: se apoyaba en una interpretación particular de la Torah o ley mosaica (1 Tim 1, 7-10); echaba mano de escritos judíos extracanónicos (1 Tim 1, 4, y 4, 7; 2 Tim 4, 4; Tit 1, 10 y ss.); apelaba a la gnosis (1 Tim 6, 20; Tit 1, 16); reservaba la salvación para los «espirituales» (1 Tim 2, 6, y 4,10); despreciaba el orden de la Creación (1 Tim 4, 3-5), y negaba la resurrección, dándole un significado simbólico (2 Tim 2, 18). Cabe incluso la posibilidad de que buena parte de sus dirigentes o de sus seguidores fueran mujeres (1 Tim 2, 11 y ss.).

La respuesta de Pablo es, en primer lugar, teológica. Cristo es Dios y, no obstante, se ha manifestado como hombre real y volverá a hacerlo (1 Tim 3,16; Tit 2, 13). No hay, pues, nada negativo en lo material, como pretenden los gnósticos, ya que sin la Encarnación no se podría haber operado la muerte de Jesús en la cruz para salvación de la humanidad. Hasta aquí el apóstol parece solo repetir aspectos que hemos visto en obras suyas anteriores, e incluso hacerlo de manera menos brillante.

Pero es el segundo aspecto de la respuesta paulina al gnosticismo el que tiene una mayor relevancia. Hablamos de la autoridad jerárquica. Las epístolas pastorales están plagadas de referencias a cargos de gobierno en la Iglesia: obispos (1 Tim 3, 1-7; Tit 1,5 y ss.), presbíteros (1 Tim 5,12 y ss.), diáconos (1 Tim 3, 8 y ss.), viudas dedicadas al ejercicio de la beneficencia (1 Tim 5, 3 y ss.), etc. Es más, el orden congregacional comienza a ser designada no ya por la comunidad sino por sus dirigentes (1 Tim 4, 14; 5, 22, etc.) [25]. Hasta tal punto es esta jerarquía importante dentro de la nueva concepción de Pablo que el presbítero al que se acuse de algo goza de mayores garantías que un laico normal (1 Tim 5, 19).

Por si esto fuera poco, tal trabazón jerárquica se ve legitimada por el apóstol para actuar enérgicamente contra los que causaban divisiones en la Iglesia. Tras dos amonestaciones in-

---

[25] Otra razón que puede haber contribuido a provocar esta actitud en Pablo es la desaparición paulatina del punto de referencia que significaba la comunidad apostólica de Jerusalén. Durante el primer siglo, resulta evidente que la autoridad final la ostentaban los apóstoles nombrados por Jesús antes de su muerte, si bien esto no resultaba inconciliable con manifestaciones de gobierno que podríamos denominar asambleario, como puede ser la elección comunitaria de los diáconos (Hechos 6, 1 y ss.) o la participación de toda la congregación en un concilio (Hechos 1.5). En ambos casos, Pablo ya había nombrado presbíteros en iglesias fundadas por él con anterioridad, y no parece que tal actitud generara oposición en el seno del judeocristianismo (Hechos 14, 23). Por otra parte, lo más significativo de las pastorales es el énfasis que se concede a partir de ahora a un segmento de la Iglesia que podríamos denominar jerárquico.

fructuosas para que cambiaran de actitud, debían ser expulsados del seno de la misma (Tit 3, 10-11). Cabe preguntarse qué llevó a Pablo a endurecer hasta tal punto su postura. Creemos que hay tres razones fundamentales: la primera, la certeza de que su muerte estaba cercana y que no tenía ninguna posibilidad de intentar personalmente revertir el curso de un combate que llevaba librando años (1 Tim 4, 6). La segunda, el hecho de que los gnósticos eran más fuertes que nunca y habían empezado a captar no solo a elementos aislados de sus iglesias sino a antiguos colaboradores a los que menciona incluso por su nombre, dada su relevancia (2 Tim 1, 15; 2, 16 y ss., etc.). A este factor se unía además la deserción de compañeros de tarea simplemente por afán de dinero (2 Tim 4, 10). Y la tercera, la terrible circunstancia de que Pablo había perdido el apoyo de todas las iglesias de Asia. Tanto es así que estas cartas no van dirigidas (como era su costumbre) a iglesias completas, sino a algunos obispos de cuya confianza y apoyo aún gozaba. Al parecer, Pablo ni siquiera tenía un abrigo para darse calor en la prisión romana donde se encontraba, y se veía obligado a pedirle a Timoteo que le llevara uno que había olvidado en el curso de un viaje (2 Tim 4, 13), rogándole además que procurara llegar a su lado antes del invierno (2 Tim 4, 21). Con posterioridad, algunos sectores del cristianismo han intentado elaborar una imagen siempre triunfante del hombre de Tarso. Basta leer sus últimas cartas para darse cuenta de lo infundado de tal presentación. Prescindiendo de lo seguro que pudiera estar de la recompensa que le esperaba en los cielos, lo cierto es que las últimas cartas surgidas de la pluma paulina dejan de manifiesto una enorme preocupación frente a un gnosticismo que sabe que él no podrá contener personalmente, y para cuyo enfrentamiento habrá que movilizar toda una visión de la Iglesia que no es del todo similar a la que había mantenido hasta entonces. Cuando Pablo muere, al menos en el seno de sus iglesias, el gnosticismo no aparenta llevar las de perder; ¿había sido en vano su combate contra el mismo?

Si juzgamos por los testimonios históricos posteriores, la respuesta solo puede ser negativa. Pablo proporcionó al cristianismo un arsenal de argumentos y de recursos prácticos adecuados a la lucha contra la gnosis, que motivó, entre otras cosas, una visión ásperamente negativa del apóstol en los círculos gnósticos. No solo para los judaizantes, sino también para los gnósticos de origen judío y los seguidores de Corinto, Pablo será considerado un «mensajero de Satanás», un «falso apóstol» y un «perseguidor de la fe» [26]. Nuestro punto de vista es que fue un formidable adversario del gnosticismo, y que sin su concurso este hubiera tenido muchas probabilidades de absorber al cristianismo, porque contaba con una solidez argumentativa y un poder de sugestión muy similares para la gente de los primeros siglos de nuestra era.

El *corpus joánico*

Al contrario de lo que sucedió con las obras de Pablo, el Evangelio de Juan, el cuarto de los Evangelios canónicos, gozaría de gran predicamento entre los seguidores de la gnosis. Como tendremos ocasión de ver en el apartado dedicado a la patrística, fue con mucho uno de los escritos preferidos de los gnósticos.

La figura de Juan, tradicionalmente identificado con el discípulo amado del que habla su Evangelio, ejerció tal atractivo sobre la gnosis que generó toda una serie de obras referidas a él: Apócrifo de Juan, Hechos apócrifos de Juan, el Evangelio de la Verdad, el Evangelio de Felipe, el Comentario a Juan de Heracleón y las interpretaciones valentinianas sobre el mismo.

¿A qué se debía este interés gnóstico por la figura de Juan? Aparte de la circunstancia ya señalada de la proximidad especial entre Jesús y este discípulo, habría que apuntar fundamentalmente a una serie de expresiones joánicas que cuentan

---

[26] Una reproducción de estos textos en Wayne A. Meeks, ed., *The Writings of St. Paul*, Nueva York, 1972.

con paralelos gnósticos. Así, el dualismo expresado en términos como «arriba-abajo» (Juan 3, 31, y 8, 23), «luz-tinieblas»
(Jn 1, 4; 3, 19-21, etc.), «verdad-mentira» (Jn 8, 44; 18, 37),
«Dios-diablo» (Jn 8, 44 y ss.), «Dios-mundo» (Jn 8, 23; 15,
19), ligado a una seguridad de salvación (Jn 3, 6 y 27; 5, 24; 6,
44) mediante el conocimiento (Jn 6, 68-69; 7, 17; 8, 28-30; 10,
14 y 38; 17, 3), parece denotar resabios gnósticos o, al menos,
permite una interpretación en este sentido [27]. ¿Es realmente el
de Juan un evangelio gnóstico? Nuestra opinión es que no.
Abogan a favor de esta conclusión varias razones. La primera
es que los dualismos joánicos tienen más relación con el apo-
calipticismo judío (al que reproducen en ocasiones literalmente y que también los utilizaba) [28] que con el gnosticismo.
La segunda razón parte del hecho de que la fe en el Evangelio de Juan no es la «gnosis» de los gnósticos. No se trata de
una experiencia ligada a aspectos extáticos, sino de la creencia
en afirmaciones concretas de fe, que va unida a un cambio de
conducta. El paradigma al respecto lo constituyen aquellos textos donde se habla de fe en una entrega de Cristo en la muerte
(algo inadmisible para un gnóstico), verbigracia: Jn 3, 16, y Jn 6.
En tercer lugar, si bien en Juan hay un especial énfasis en una
seguridad de salvación, no es cierto que ese enfoque sea exclusivamente suyo ni tampoco que deba identificarse sin más con el
gnosticismo. Pablo, poco sospechoso de simpatizar con el gnosticismo como hemos visto, hace también repetidas referencias a
esa seguridad de salvación de la que goza el creyente en Cristo,
por ejemplo: Efesios 2, 8-10; Romanos 5, 1, y 8, 1, etcétera.

---

[27] Véase K. M. Fischer, *Der johanneische Christus und der gnostische Er-
löser*, Gütersloh, 1973.

[28] Recuérdese al respecto que Juan es el único apóstol conectado por
tradición con la redacción de un apocalipsis, que además es el único canónico. Otros ejemplos de este dualismo, no gnóstico, aunque sí apocalíptico,
pueden hallarse en los documentos de la secta de Qumran, verbigracia: *La
Guerra de los Hijos de la Luz y los hijos de la oscuridad, el Libro de los Himnos*, etc. Nos resulta más verosímil aceptar una influencia en Juan por esta
vía que por la del gnosticismo.

Ahora bien, la razón fundamental que descarta de manera rotunda la posibilidad de que el de Juan fuera un evangelio gnóstico es su tratamiento del tema cristológico. Juan no solo no niega la Encarnación (Jn 1, 14), sino que considera además que Cristo participó en la Creación (Jn 1, 1-3), a lo que cabe añadir que se complace en retratar la humanidad corporal y material de Jesús, mostrándolo mientras bebe (Jn 2 y 4), come (Jn 13), sufre (Jn 19), sangra (Jn 19, 31 y ss.) y muere (Jn 19, 28-30). Aún más, el regreso de Jesús de la muerte se realiza en el mismo cuerpo material con que fue crucificado (Jn 20, 26-29).

A pesar de todo, el cuarto Evangelio estaba llamado a ser utilizado profusamente por los gnósticos, y esto ya en vida del mismo apóstol. De hecho, en nuestra opinión, la Primera Epístola de Juan es una clave interpretativa del cuarto Evangelio destinada a evitar su apropiación por la gnosis [29].

Del tenor de la Primera Epístola de Juan se desprende que las comunidades dependientes de él experimentaron, total o parcialmente, la entrada de gente que se jactaba de poseer la gnosis (1 Jn 2, 4, y 4, 8) y de amar a Dios (1 Jn 4, 20), negando a la vez que Cristo se hubiera hecho hombre (1 Jn 4, 2). El hecho de que Juan calificara a estas personas de «anticristos» nos puede dar una idea de la oposición que manifestaba hacia ellos. Si tenemos en cuenta que, sin duda, la Primera de Juan se escribió después de algunas de las epístolas paulinas y que posiblemente su autor se hallaba al corriente de los estragos que la gnosis estaba haciendo en aquellas comunidades [30], no es de extrañar su interés por detener el avance de la amenaza.

---

[29] Para una opinión en parte coincidente con la nuestra, véase R. E. Brown, *The Community of the Beloved Disciple*, Nueva York, 1979, c. III.

[30] Téngase en cuenta que Juan es asociado históricamente con un grupo de iglesias asiáticas que, al menos en parte, conocieron también el mensaje de Pablo, verbigracia: Apocalipsis 1-4.

Precisamente por eso, la respuesta de Juan es, en términos generales, coincidente con la que ya hemos visto en Pablo. Recusa aquella gnosis desprovista de una ética cristiana y carente de amor al prójimo; insiste en la imposibilidad de que haya amor a Dios sin amor al prójimo, y por último aduce como ejemplo más claro de esto al propio Cristo, que se hizo hombre y murió físicamente en la cruz (1 Jn 3, 23-24, y 2, 2-4).

Por lo que hemos podido ver, a las pocas décadas de la muerte de Jesús, cuando el cristianismo comenzaba a asentarse firmemente en un mundo distinto del judío, la preocupación de una absorción por la gnosis constituía uno de sus caballos de batalla principales. Hasta tal punto era así que, frente al gnosticismo, la Iglesia se vio obligada a perfilar su pensamiento y a reestructurar en parte su disciplina interna, algo que no había sido necesario en tal medida ni frente al paganismo corriente ni de cara al judaísmo. Consciente o inconscientemente, la Iglesia emanada de los apóstoles se percataba de que estaba empezando una batalla a muerte entre ambas corrientes.

Como tendremos ocasión de ver en las siguientes páginas, las tesis de Pablo y de Juan se impondrían en el seno del cristianismo y serían utilizadas como argumentos de lucha y descalificación contra la gnosis, una lucha que, llegado el momento de la unión de la Iglesia con el Imperio, dejaría de ser meramente teológica.

Gnosis frente a patrística

El desarrollo de la gnosis en el periodo posapostólico

Hasta qué punto el gnosticismo había penetrado en el cristianismo a finales del siglo I y principios del II lo pone de manifiesto el hecho de que, si exceptuamos el Nuevo Testamento y los escritos judeocristianos, cabe afirmar que la primera literatura teológica cristiana y la primera poesía cristiana fueron obra de autores gnósticos [31]. Su capacidad de captación popular parece haber sido notable.

En su mayor parte, excepción hecha de la Biblioteca de Nag Hammadi, a la que dedicaremos un apartado especial, la literatura gnóstica está formada por las obras de los diferentes fundadores de sectas y de sus discípulos, habiéndose perdido en su mayoría. A título meramente introductorio, haremos aquí referencia a los principales autores gnósticos de este periodo:

BASÍLIDES [32]. Según los datos que sobre él nos ha proporcionado Ireneo, Basílides fue profesor en Alejandría y vivió en la época de Adriano y Antonino Pío (120-145 d. de C.). Al parecer fue autor de un evangelio de corte gnóstico y un comentario al mismo conocido como *Exegética,* del que han quedado algunos fragmentos. No ha llegado hasta nosotros, empero, nada de las odas y salmos de los que fue autor.

Su ideología coincide plenamente con lo que hemos expuesto en las páginas anteriores: la gnosis o conocimiento es el medio para verse libre de la esclavitud de este mundo; a esta gnosis solo puede acceder un número muy reducido de personas, que deben guardarla en el secreto más riguroso; la liberación solo afecta al alma y por ello todo lo que se haga con el cuerpo (incluyendo la lujuria más grosera) es éticamente indiferente; Cristo no debe ser considerado el crucificado, sino el enviado del Padre.

Puede verse que en el pensamiento de Basílides no hay referencia alguna a elementos dualistas, pero encaja perfecta-

---

[31] En este sentido, véase I. Quasten, *Patrología,* vol. I, Madrid, 1984, pp. 253 y ss.; R. M. Grant, *La gnose et les origines chrétiennes,* París, 1964, e ídem, *Gnosticism and Early Christianity,* Londres, 1959.

[32] Para un estudio más a fondo de Basílides, véase J. H. Waszink, Basilides, RACh, 1950, pp. 1217-1255; R. M. Grant, *Gnostic Origins and the Basilidians of Irenaeus,* VC 13 (1959), pp. 121-125, y W. Foerster, *Das System des Basilides,* New Testament Studies 9 (1962-1963), pp. 233-255.

mente dentro de los esquemas comunes a los adversarios de Pablo en Corinto o en Éfeso.

ISIDORO [33]. La obra de Basílides fue continuada por su hijo Isidoro, de quien sabemos aún menos que del padre. Autor de una *Explicación del profeta Parchar,* una *Ética* y un tratado sobre *El alma adventicia* (ninguna de estas obras ha llegado hasta nosotros), cabe la posibilidad de que siguiera las tesis de su progenitor.

VALENTÍN [34]. Contemporáneo de los anteriores pero mucho más importante que ellos fue Valentín, también de origen egipcio. Existen datos a favor de que, tras predicar su doctrina en Egipto, se trasladó a Roma con el mismo fin, para de allí desplazarse a Chipre. Como veremos en las introducciones a los diversos Evangelios gnósticos, su influencia en la gnosis fue enorme. Valentín demostró además una especial astucia al saber adaptar el lenguaje del Nuevo Testamento a sus enseñanzas vaciándolo de su significado original. En este sentido, puede decirse que hizo lo mismo que Pablo de Tarso había intentado en algunas de sus epístolas: valerse de la terminología del adversario como arma para combatirlo. Según testimonio de Ireneo (*Adversus haereses* 3, 15, 2), esa habilidad dialéctica le proporcionó un número considerable de adeptos, al permitirle infiltrarse en las iglesias sin dificultad.

El número de sus seguidores resultó tan elevado que llegaron a formarse, según Hipólito, dos escuelas de discípulos suyos, una oriental y otra occidental.

---

[33] Sobre Isidoro, véase W. Völker, *Quellen zur Geschichte der Gnosis,* Tubinga, 1932, c. I.

[34] Sobre Valentín, H. Jonas, *Evangelium Veritatis and the Valentinian Speculation,* SP 6 (TU 81), Berlín, 1962, pp. 96-111; R. Quispel, *Neue Funde zur valentinianischen Gnosis,* ZRG 6, 1954, pp. 298-305.

PTOLOMEO [35]. Fue el miembro más importante de la escuela italiana de Valentín y autor de una *Carta a Flora* en la que discute acerca de la ley de Moisés e intenta defender el punto de vista gnóstico de que esta no es de origen exclusivamente divino sino que deja traslucir la mano humana. Conservada por Epifanio (*Haer.* 33, 3-7), esta obra ha sido la pieza más importante del pensamiento gnóstico que nos ha llegado con anterioridad a los descubrimientos de Nag Hammadi.

HERACLEÓN [36]. Al parecer, fue el discípulo preferido de Valentín, y pertenecía a la escuela italiana. Como obra más importante destaca un comentario al Evangelio de Juan.

FLORINO. Perteneció también a la escuela romana de Valentín. Poco sabemos de él, pero testimonios indirectos, como la carta que en su contra escribió Ireneo, nos permiten pensar que defendió la tesis de que Dios era responsable del mal en el mundo, tesis a la que ya hemos hecho referencia anteriormente en relación con las doctrinas gnósticas. Al parecer, su influencia fue considerable en las Galias, porque Ireneo escribió al papa rogándole que pusiera coto a la actividad de Florino. Dado que el mencionado maestro gnóstico era presbítero, cabe la posibilidad de que aprovechara su posición sacerdotal a fin de captar adeptos para la gnosis.

BARDESANO [37]. Fue miembro de la escuela oriental de Valentín. Nacido en Edesa, y con importantes contactos con la corte, parece ser que se convirtió al cristianismo a los veinticinco

[35] Véase G. Quispel, *Lettre à Flora*, París, 1960; F. M. M. Sagnard, *Intérêt théologique d'une étude de la gnose chrétienne*, RSPT, 33, 1949, pp. 162-169; A. Harnack, *Der Brief des Ptolomaeus an die Flora*, SAB, 1902, pp. 507-545.

[36] Véase W. Foerster, *Von Valentin zu Herakleon*, Giessen, 1928, y M. Simonetti, *Eracleone e Origene*, Vetera Christianorum 3,1966, pp. 111-141.

[37] H. J. W. Drijvers, *Bardaisan of Edessa*, Assen, 3 966; H. Grégoire, *Bardésane et S. Abercius*, Byz 25-27, 1955-1957, pp. 363-368; L. Cerfaux, *Bardesanes*, RACh, 1950, pp. 1180-1186.

años. Al invadir Edesa el emperador Caracalla (216-217), Bardesano huyó a Armenia. Murió hacia 222-223 en Siria. No resulta claro en qué momento de su vida Bardesano entró en contacto con los gnósticos. Según el testimonio de Eusebio, acabó abandonando la gnosis (*Historia eclesiástica* 4, 30), aunque conservó ciertos resabios de esta filosofía. Sus obras no han llegado hasta nosotros, salvo el *Diálogo sobre el destino*, o *Libro de las leyes de los países,* que se ha conservado en su original siriaco.

En realidad existen motivos para pensar que siguió siendo gnóstico siempre, aunque supiera contemporizar para evitar las represalias de las autoridades eclesiásticas. Buena prueba de ello es que compuso un centenar y medio de himnos destinados a propagar su doctrina. Que lo consiguió queda demostrado por el hecho de que, todavía en la segunda mitad del siglo IV, Efrén tenía que vérselas con sus seguidores. E incluso en el siglo X es citado por el árabe Ibn Abi Jakub en su lista de las ciencias denominadas *Fihrist.*

HARMONIO. Hijo del anterior, también demostró una especial habilidad para la composición de himnos. A mediados del siglo V, según testimonio del historiador Sozomeno, seguían siendo muy populares. Al parecer, Efrén utilizó algunas de sus melodías, cambiando las letras, para contrarrestar su influjo. Curiosamente, porque no era esto común entre los gnósticos, Harmonio parece haber enseñado en alguno de sus himnos la doctrina de la transmigración de las almas.

TEODOTO. Pertenecía a la escuela oriental de Valentín. Solo tenemos noticia de su doctrina a través de escritos de Clemente de Alejandría. Parece ser que intentó adoptar la doctrina sacramental de la Iglesia a las tesis gnósticas referentes a la utilización de ritos para vencer al maligno. En ello podemos ver un signo más de la metodología valentiniana, cuya finalidad era aprovechar la panoplia cristiana para la propagación de sus ideas mediante el expediente de otorgar un significado distinto a doctrinas y ritos.

MARCO. Miembro también de la escuela oriental de Valentín, sabemos poco de él pero, sin lugar a dudas, su influencia resultó enorme. Puede que a ello contribuyera un especial poder de seducción hacia las mujeres, así como ciertas habilidades presuntamente paranormales ejercitadas en el curso de ritos como la eucaristía. Sus discípulos llegaron a extenderse hasta la región del Ródano en las Galias, donde Ireneo conoció a algunos de ellos.

CARPÓCRATES [38]. Al igual que Basílides y Valentín, el tercer gran promotor del gnosticismo nació en Alejandría, y dado que una de sus discípulas viajó a Roma en la época del papa Aniceto (154-165), seguramente fue contemporáneo de aquellos.

Parece que los superó, no obstante, en la práctica de la magia, y que recurría a la utilización de filtros amorosos, encantamientos y envío de sueños. La posesión de estos poderes sobrenaturales —o la pretensión de poseerlos— hacía que algunos de los adeptos se autoconsideraran superiores a los apóstoles y al mismo Cristo, en el que no reconocían ninguna cualidad divina y del que pensaban que solo recordaba con especial pureza lo que había contemplado cerca del Dios ingénito, un Dios que no era el Creador de este mundo, obra de ángeles inferiores.

No se han conservado escritos de este autor, aunque sí algunos fragmentos del tratado *Sobre la justicia* redactado por su hijo Epífanes, que sería adorado como dios, tras su muerte, a los diecisiete años, en Cefalonia.

---

[38] Véase H. Liboron, *Die karpokratianische Gnosis*, Leipzig, 1938; H. Kraft, *Gab es einen Gnostiker Karpokrates?*, ThZ, 8, 1952, pp. 434-443.

La reacción patrística

Un movimiento que, nacido en gran parte en Egipto, llegara a la misma capital del Imperio y a zonas del mismo como las Galias, Hispania, Grecia o Armenia, revelaba un ímpetu espiritual de no pequeño vigor. No es, pues, de extrañar que los teólogos más o menos oficiales de la Iglesia intentaran reducir las posibilidades de éxito de un fenómeno que solo contaba en sus comienzos con el talento y la habilidad de sus creadores (o adaptadores) y sus discípulos. Vamos a examinar las reacciones provocadas en dos de los más destacados.

IRENEO. Ireneo de Lyon, nacido entre 140 y 160 d. de C., fue con mucho el teólogo más importante de su siglo. Cabe la posibilidad de que su ciudad natal fuera Esmirna, y desde luego, con toda seguridad, estuvo en alguna parte de Asia Menor. Discípulo de Policarpo, a través de él entró en contacto directo con la época apostólica, lo que le llevó a trazar su especial visión del papel de la tradición en el establecimiento y determinación de la verdad en el seno de la Iglesia.

No tenemos noticias de él posteriores a la controversia sobre la fecha de la Pascua, y los testimonios acerca de su martirio final son lo suficientemente tardíos como para que dudemos en tomarlos en consideración.

En su magna obra *Adversus haereses* dedica el libro II a atacar las posiciones teológicas de los valentinianos. Da la impresión de que Ireneo conocía muy bien los escritos de los gnósticos, y sus citas de los mismos siguen siendo hoy en día una de las fuentes principales con que contamos para su conocimiento.

Si bien, en términos generales, Ireneo desarrolla los argumentos de los últimos escritos de Pablo, sus aportaciones a la controversia gnóstica tienen un valor especial. Para él, la Iglesia es la garante de la pureza doctrinal; en ella se da una sucesión apostólica que permite la transmisión sin alteraciones de la verdad, y parte esencial de este orden episcopal es la figura del obispo de Roma. Gracias a este planteamiento puede señalar que los gnósticos carecen totalmente de autoridad al separarse de la única Iglesia verdadera, la asentada sobre los apóstoles nombrados por Cristo. Es esta Iglesia también la que establece si un escrito es o no canónico y, desde luego, resulta evidente que nunca ha establecido la canonicidad de los escritos gnósticos. Por ello, todo intento de legitimar la gnosis como una forma de cristianismo es inaceptable. Para los gnósticos no podía existir un lugar dentro de la Iglesia, y más cuando se valían de la organización de esta para divulgar sus propias doctrinas, vulneradoras de las que habían enseñado los apóstoles.

Que la argumentación de Ireneo era sólidamente funcional lo demuestra el que sería repetida de manera casi textual por las autoridades eclesiásticas en los siglos siguientes, en todo tipo de controversia doctrinal o disciplinaria. Ahora bien, las conclusiones en que se basó Ireneo para pergeñarla a partir del Nuevo Testamento no dejan de ser frágiles en multitud de ocasiones. Al fin y a la postre, Ireneo había caído en una tautología: la única Iglesia verdadera es la única Iglesia verdadera porque la tradición en que se sustenta así lo afirma, y es falsa la que lo niega. Si bien la tesis era útil y práctica, no por ello dejaba de ser muy discutible intelectualmente. Nota: Y, sin embargo, existirá una alternativa como dejó de manifiesto la Reforma protestante del siglo XVI. Esta es situar la «vara de medir» en un criterio exterior como en la Biblia. En otras palabras, es iglesia verdadera no la que afirma serlo, sino la que se ajusta a los criterios expuestos en la Biblia.

TERTULIANO. Quinto Septimio Florencio Tertuliano, natural de Cartago, nació en torno al año 155. Dotado de una excepcional preparación jurídica, ejerció la abogacía en Roma hasta su conversión, acaecida en 193, momento en que decidió volver a Cartago. Debió de morir hacia el año 220. A excepción de Agustín de Hipona, es el más importante y original de los teólogos cristianos de habla latina. Todos sus escritos constituyen piezas de combate contra adversarios ideológicos, y en su mayoría siguen resultando magistrales en la exposición. Escribió una obra contra los gnósticos conocida como *Contra los valentinianos,* en la que se enfrenta a estos con una brillantez y una mordacidad incomparables.

Quizá su mayor aportación a la controversia contra los gnósticos (y en eso sería seguido por futuros adversarios de movimientos sectarios) sea el hecho de haber sacado partido del carácter oculto de estos. ¿Qué podía justificar el secretismo de los seguidores de la gnosis? No, desde luego, el miedo a la persecución, puesto que los cristianos padecían mucho más las proscripciones y no por ello se encerraban en un gueto mental. Para Tertuliano, la razón fundamental de todo ese «misterio» no era sino proporcionar, con miras a los futuros adeptos, un aura atrayente similar a la de otras sectas y a los primitivos misterios de Eleusis. La gnosis no era, pues, sino una estafa rodeada por un halo de misterio [39]. Prescindiendo de lo que pudiera haber de cierto en los calificativos de Tertuliano, no puede negarse que el halo de ocultismo que rodeaba a los círculos gnósticos debió de ser uno de sus principales atractivos. A partir de entonces también sería considerado uno de los primeros argumentos en su contra: el que se esconde es porque tiene miedo de que la luz ponga al descubierto realidades poco confesables.

Un análisis de los datos que hemos presentado en estas últimas páginas puede servir para mostrarnos la configuración del gnosticismo en los siglos posteriores a la desaparición de los apóstoles, así como las reacciones apologéticas de los teólogos oficiales.

---

[39] Véase J. C. Fredouville, *Valentiniana. Quelques améliorations au texte de l'Adversus Valentinianos,* VC 20, 1966, pp. 45-79; G. Quispel, *De humor van Tertullianus,* N. T. T. 2, 1948, pp. 280-290.

1. Su enseñanza, incluso admitidas ciertas variaciones entre sí, era sustancialmente la misma que combatieran Pablo y Juan, salvo que el énfasis judaico había desaparecido prácticamente. En términos generales, puede decirse también que, privada del barniz cristiano, se correspondía con las tesis de la gnosis precristiana, cuya legitimidad no emanaba de una autoridad eclesiástica determinada o de una revelación divina, sino de su carácter primigenio, al que, pensamos que por razones de táctica, posteriormente se intentó proporcionar una legitimidad derivada de los apóstoles.

2. Con Valentín, los gnósticos captaron la posibilidad de utilizar el propio lenguaje bíblico con un significado distinto del dado por la Iglesia, lo que les permitía infiltrarse con más facilidad en el seno de las iglesias y desde su interior captar adeptos.

3. Asimismo, los adeptos de la gnosis supieron utilizar métodos dotados de especial poder de atracción: la música, la práctica de la magia y de las experiencias extáticas, el cultivo de la poesía, etc.

4. Su expansión resultó poco menos que prodigiosa. Partiendo fundamentalmente de Egipto (algo de especial importancia en relación con los Evangelios que prologamos ahora), se extendieron por Occidente hasta Grecia, Italia y las Galias (muy posiblemente también hasta Hispania), y por Oriente hasta Siria, Asia Menor y Armenia. Existen indicios asimismo de que la penetración en ámbitos femeninos fue muy amplia, y quizá eso explique también las repetidas referencias que se hacen en los escritos gnósticos a mujeres cercanas a Jesús, como María Magdalena.

5. Tal crecimiento provocó la alarma justificada de los teólogos cristianos, que basaron su apologética no solo en los precedentes de Pablo y Juan, sino también en la insistencia en una línea auténtica de conexión entre Jesús y la Iglesia mediante la sucesión apostólica. Asimismo sacaron partido de la poco ejemplar conducta de algunos gnósticos y del uso que hacían del secretismo de sus círculos. Todo esto, supuesta-

mente, no dejaba lugar a dudas sobre el carácter fraudulento de la gnosis, invento de algunos maestros avispados que estafaban a sus adeptos. En algún caso se utilizó la argucia de recurrir a las autoridades eclesiásticas (incluido el obispo de Roma) y, con posterioridad a Constantino y Teodosio, se haría común el apelar a las seculares. A primera vista, cuesta trabajo creer que, sin el concurso de estas últimas, el gnosticismo hubiera sido eliminado, y aun admitiendo que se lograra ese objetivo (algo un tanto dudoso), fue por poco tiempo, porque durante la Edad Media rebrotaría en zonas cercanas a aquellas de donde había sido extirpado siglos antes, y podemos seguir su influjo posterior en la masonería y el rebrote del ocultismo en los siglos XIX y XX. Más que de victoria de la Iglesia habría que hablar de eclipsamiento, quizá no acompañado de extinción, por parte de la gnosis.

Tras examinar todos estos antecedentes del fenómeno podemos entrar ya en contacto directo con los Evangelios de Nag Hammadi.

La supervivencia de la gnosis

La Biblioteca de Nag Hammadi

La situación de enfrentamiento entre la Iglesia y la gnosis experimentó un vuelco favorable a aquella durante el siglo IV. En relativamente poco tiempo se pasó de la tolerancia del Imperio hacia la Iglesia (Edicto *Ut denuo sint Christiani* del 30 de abril de 311) a conceder a la misma una situación de religión semioficial (Edicto de Milán de 313). Pero el auténtico impulso del Imperio en favor de la Iglesia aconteció en el reinado del emperador Teodosio (379-383), durante el cual la Iglesia católica se convirtió *de iure* en religión imperial.

En el libro XVI del *Código Teodosiano* se han conservado las referencias a las disposiciones en materia religiosa, algunas de las cuales enumeramos brevemente a continuación.

— Se manifiesta la voluntad del emperador de que todos los pueblos gobernados por su administración profesen la religión de Pedro, que es la misma que profesan el pontífice Dámaso (el papa) y el obispo de Alejandría (I, 2).

— Se ordena la entrega de las iglesias a los obispos que admitan la creencia en la Trinidad, así como despojar de las mismas a quienes lo nieguen (I, 3).

— Se reconoce la libertad de testar en favor de la Iglesia católica (II, 4).

— Se exime a clérigos y acólitos del pago de impuestos (II, 10).

— Se prohíbe la acusación de los obispos ante los tribunales (II, 12).

— Se castiga el allanamiento de las iglesias católicas y el ataque a sus ministros (II, 31).

— Se reconoce a los clérigos el privilegio de ser solo acusados ante sus obispos (II, 41).

— Se prohíbe que herejes y cismáticos puedan participar de los privilegios concedidos a la Iglesia católica (V, 1).

— Se prohíbe la herejía y su propagación (V, 5).

— Se prohíbe el proselitismo y las reuniones de eunomios, arrianos, macedonios, pneumáticos, maniqueos, encratitas y sacóforos, así como la práctica de su culto en lo contrario a la fe católica (V, 11).

— Se decreta la posibilidad de evitar el castigo por herejía mediante la abjuración de la misma y la aceptación del catolicismo (V, 41).

— Se ordena separar de la comunidad de los hombres y privar de la capacidad de testar y de heredar a los que se aparten de la fe católica (VII, 4) [40].

---

[40] Texto latino completo de estas disposiciones, junto con traducción al castellano de las mismas, en E. Gallego Blanco, *Relaciones entre la Iglesia y el Estado en la Edad Media*, Madrid, 1973, pp. 68 y ss.

Resulta evidente que, ante tales medidas, la pervivencia, al menos pública, de los gnósticos tenía sus días contados. No eran mejores las perspectivas de permanencia de sus principales obras. En realidad, solo de poco más de doscientos años a esta parte hemos podido acceder a copias de obras de la gnosis pertenecientes al periodo comprendido entre los siglos III y V.

En 1769 Bruce descubrió en la necrópolis de Tebas un códice de papiro que permitiría la reconstrucción de los libros de Ieú. Este códex, denominado Bruciano por su descubridor, no se tradujo hasta finales del siglo XIX. En el mismo lugar, y en fecha parecida, se encontró el Códice Askewiano, en el que se halla la *Pistis Sofía* (Fe Sabiduría). Dado que ninguno de ambos documentos encajaba con los conocimientos que sobre los gnósticos se tenía en la época, no fueron asociados (erróneamente) con la gnosis.

En 1896 la compra del Códice de Berlín 8502 por Carl Schmidt permitió acceder a los textos del Evangelio de María (traducido en este volumen), el Apócrifo de Juan y la Sofía de Jesús. Esta escasez de fuentes pone de manifiesto lo poco que se conocería sobre la gnosis antigua de no ser por uno de los hallazgos más prodigiosos en la historia del espíritu humano: la Biblioteca de Nag Hammadi. Dicho hallazgo, por paradójico que pueda parecer, lo debemos precisamente a un episodio del combate entre la Iglesia y la gnosis.

En el año 367 Atanasio, obispo de Alejandría, envió su trigésimo novena carta festal ordenando la eliminación de una serie de obras en las que aparecían elementos heréticos. Tal misiva llegó también a Teodoro, abad de la comunidad monástica de Tabinnisi. Posiblemente lo que cabía esperar es que las mencionadas obras fueran pasto de las llamas, pero el resultado distó mucho de ser ese.

Ya fuese Teodoro o los monjes a su cargo a los que cumplía ejecutar la orden episcopal, lo cierto es que no destruyeron las obras sino que se limitaron a ocultarlas. Así, se tomó una vasija de tamaño grande hecha de barro rojo y en ella introdujeron doce o trece libros encuadernados en piel. Los libros contenían cuarenta y seis obras diferentes, de las que seis estaban duplicadas.

¿Qué motivó a aquellos monjes egipcios a comportarse de esa manera? Una posibilidad es que se negaran a destruir un legado cultural escrito precisamente en copto y en buena medida por autores egipcios. El nacionalismo ha constituido en diversas épocas de la Iglesia una fuerte profilaxis contra la ejecución de medidas represivas.

Otra posibilidad es que los monjes, que no estaban sometidos a un control muy directo de la jerarquía, decidieran esperar a que pasara aquella oleada de persecución para desenterrar lo que tenía un cierto valor como literatura de espiritualidad, aunque fuera heterodoxa. En algunos aspectos, también los monjes eran muy críticos con las jerarquías eclesiásticas, cuyo apego al mundo del poder censuraban acremente, y quizá sintieron cierta solidaridad con aquellos disidentes cuyo legado ideológico se veía destinado a la aniquilación por un miembro de la jerarquía. Finalmente, cabe una tercera posibilidad que cuenta con paralelos, por ejemplo, en el judaísmo. Convencidos del respeto que había que guardar a textos en los que aparecían nombres sagrados no osaron destruirlo, sino que, piadosamente, dejaron en manos de los elementos llevar a cabo esa labor.

Sea como fuere, aquel acto nos ha permitido conocer de primera mano a los gnósticos como no hubiéramos podido imaginar hace solo medio siglo. Obras que quizá hubieran caído en el olvido fueron preservadas precisamente por miembros de la Iglesia, que estaba más que interesada en su desaparición.

En diciembre de 1945, apenas unos meses después del final de la Segunda Guerra Mundial, Mohammed, Jalifa y Abu al-Majd, tres miembros del clan al-Samman, se encontraban cavando en busca de sabaj cerca de su pueblo de al-Qasr (Jenobosquion), a unos seis kilómetros de Nag Hammadi, al pie de Djebel-el-Tarif, distante unos cien kilómetros de Luxor. Inesperadamente, Abu, el hermano pequeño, encontró la vasija.

Al principio pensó en abandonarla por temor a que albergara en su seno un efrit malvado similar a los que aparecen en los relatos de *Las mil y una noches*, pero, finalmente, optó por quedarse con ella. Al echar un vistazo al interior se percató de que eran libros que contenían historias cristianas.

Puesto que no conseguía ver la utilidad del hallazgo decidió usar el contenido de la vasija como combustible pero, posteriormente, reparó en que podía ser objeto de una transacción comercial y eso salvó los libros.

Un contratiempo, sin embargo, haría peligrar una vez más los escritos. Una turbia venganza de sangre en la que presuntamente podían estar implicados los tres hermanos motivó su detención por un tiempo. A su salida de prisión descubrieron que la madre había quemado fragmentos de los libros. Lo que quedaba fue finalmente vendido a un tal Rajib por once libras egipcias.

El 4 de octubre de 1946, el director del Museo Copto de El Cairo, Togo Mina, compraba por doscientas cincuenta libras egipcias el Códex III a un maestro copto de Nag Hammadi. Gracias a esto los orientalistas franceses Daumas y Corbin tuvieron conocimiento del hallazgo, así como posteriormente Drioton y Puech.

En 1947 Mina y el francés J. Doresse (injustamente relegado en los relatos anglosajones del descubrimiento) se hicieron con otro códex o códice gracias a los oficios de unos anticuarios. Este mismo códex viajaría con posterioridad a la Fundación Bollingen de Nueva York, a la Biblioteca Nacional de París y a una caja de seguridad de un banco de Bruselas. Finalmente, por mediación de G. Quispel de Utrecht y de un mecenas suizo, el códex fue ofrecido al Instituto C. G. Jung de Zúrich en 1952. De ahí que el denominado Códex I reciba también el apelativo de Códex Jung. Sería publicado en diversas partes desde la década de los cincuenta hasta 1975.

A partir del año 1948 apareció en el Museo Copto de El Cairo otro lote de manuscritos del mismo origen. Todavía en aquella fecha la mayoría de las obras se hallaban en poder de particulares, y diversas circunstancias, como la revolución de 1952, retrasaron su adquisición. Con todo, ya en 1950 se había podido realizar un primer estudio global del descubrimiento. En 1956 la Biblioteca Gnóstica Copta fue declarada patrimonio nacional.

Las primeras traducciones de textos habían tenido que enfrentarse a una serie de inconvenientes, como los conflictos entre especialistas [41], la caída de la monarquía egipcia en 1952 y el conflicto de Suez. Por fin, desde 1958 aparecieron diversos fragmentos traducidos al alemán en *Theologische Literaturzeitung,* y ese mismo año J. Doresse publicó *Les livres secrets des gnostiques d'Égypte,* para presentar un año más tarde su traducción del Evangelio de Tomás. También en 1959 los editores del Códex Jung publicaron una primera edición con diversas traducciones del Evangelio de Tomás.

En 1972 se inició la publicación en facsímil de los hallazgos (que ha servido de base a esta traducción), concluyendo en 1984. La obra se realizó bajo los auspicios de un comité internacional formado en 1956 [42]. Los legajos de estos códices son los más antiguos conocidos hasta hoy en la historia del libro.

La Biblioteca de Nag Hammadi revolucionó de manera radical el mundo de los estudiosos del gnosticismo. Cuarenta y una de sus obras eran desconocidas con anterioridad. No todas eran gnósticas ni todas cristianas pero, casi por primera vez, proporcionaban una visión directa y de primera mano del

---

[41] Para una visión desde el lado francés del conflicto entre los distintos eruditos, véase J. Doresse, *L'Évangile selon Thomas,* París, 1988. Existe una edición en castellano de esta obra: *El Evangelio según Tomás,* Madrid, 1989, pero, desde nuestro punto de vista, se trata de una traducción deficiente, sin duda por no haber sido realizada por un especialista en el tema. Para una visión anglosajona de los hallazgos, véase J. M. Robinson, *From the Cliff to Cairo,* Québec-Lovaina, 1981, pp. 21-67.

[42] *The Facsímile Edition of the Nag Hammadi Codices,* Brill, Leiden, 1972-1984.

gnosticismo. Esta vez eran los propios gnósticos los que hablaban y no sus detractores.

De esta biblioteca, hasta la fecha solo existe edición completa en inglés [43], aunque se han vertido los contenidos de algunos códices al francés y al alemán. En castellano no existía traducción de todos los Evangelios de Nag Hammadi (y mucho menos de la biblioteca completa) hasta la aparición por primera vez de esta traducción ya en 1990. Con posterioridad, se ha publicado una traducción de la Biblioteca de Nag Hammadi que es completa aunque desigual. Nota: Publicado por la editorial Trotta y bien avanzada la década de los noventa del siglo xx, alguna de las versiones —como las de J. Montserrat— no están exentas de crítica.

Actualmente están en marcha diversos proyectos de estudio y publicación de la biblioteca en diversos países. Así, en Estados Unidos un equipo dirigido por J. M. Robinson ha publicado varios volúmenes de *Nag Hammadi Studies;* en la hasta hace poco denominada República Democrática Alemana, bajo la dirección de H. M. Schenke, han aparecido diversos trabajos relacionados con el tema en *Theologische Literaturzeitung* y en otras revistas berlinesas; en Canadá, un equipo de la Universidad de Laval en Québec ha publicado cerca de una veintena de volúmenes de textos y comentarios en la colección «Bibliothèque Copte de Nag Hammadi»; por último, en 1984 fue publicado en París el primer volumen de la colección «Sources gnostiques et manichéennes» relativo al Códex de Berlín.

Después de Nag Hammadi

Antes de entrar en el tema de la composición de la Biblioteca de Nag Hammadi, así como de hacer referencia a la traducción que ofrecemos en las páginas siguientes, creo indis-

---

[43] *The Nag Hammadi Library in English*, Brill, Leiden, 1977.

pensable señalar, aunque sea mínimamente, algo relativo al fenómeno de la supervivencia de la gnosis. ¿Puede decirse que el gnosticismo ha sobrevivido? Si la respuesta tuviera que venir determinada por la veracidad de las ofertas de grupúsculos actuales que se autodenominan gnósticos, tendría que ser forzosamente negativa. Ni siquiera con la mayor benevolencia de juicio puede decirse que tales grupos sean gnósticos o que presenten un mínimo parecido con la gnosis de la Antigüedad.

Pero también es cierto que la gnosis, perseguida y proscrita por el Imperio a instancias de la Iglesia ya oficial, no desapareció del todo en la Antigüedad. Los mandeos han sobrevivido hasta el día de hoy, los sethitas siguieron propagando sus doctrinas hasta bien entrada la Edad Media, época en que aparecieron grupos gnósticos de enorme pujanza como los bogomilos y los cátaros.

Ni siquiera el final de la Edad Media, acaecido después de que contra ellos se desencadenara el furor de la cruzada y de la Inquisición, contempló su extinción total. Muchas de sus tesis perduraron a través de la alquimia, como puede verse en las *Nupcias* o *Bodas alquímicas* atribuidas a Christian Rosenkreuz, y existen también vestigios de gnosis en la cábala hebrea, así como en Novalis, Nerval y Edgar Allan Poe, y, sobre todo, en la masonería y los grupos nacidos de ella, de Cagliostro a madame Blavatsky, de Olcott a Crowley.

Hasta cierto punto resultaba lógico. La gnosis adquiría su fuerza en virtud de la presentación de un saber oculto que resultaba atractivo a sus oyentes: el saber primigenio comunicado por Adán, por Seth, por Moisés. Para el hombre posterior a Darwin, la existencia de Adán es mayoritariamente inaceptable, cuánto más creer que fue transmisor de una sabiduría superior.

También se valía la gnosis de un sentimiento religioso enlazado con iglesias mayoritarias en las que infiltrarse para obtener adeptos. Cuando estas mismas iglesias han comenzado a perder fieles no ha sido, por regla general, para que estos formaran parte de grupos gnósticos.

Por último, el mensaje de la gnosis utilizaba categorías míticas (inútil es negarlo) que iban desde Mesopotamia a Egipto e Irán, pasando por una mitologización del judaismo y el cristianismo. Su forma de exposición y otras circunstancias colaterales, como su negativa a considerar bueno lo material, la convertían en poco susceptible de ser aceptada por el hombre posterior a Rousseau, a Marx y a Freud.

No obstante, el fenómeno gnóstico, quizá la última oportunidad del paganismo de vencer en la batalla contra la Iglesia, se vio revestido de una fuerza admirable. Subvirtió las congregaciones fundadas por apóstoles hasta el punto de ganarles la partida, se infiltró en las comunidades mediante el sutil ardid de utilizar un lenguaje oficial con un contenido ideológico diferente, y supo extenderse desde Hispania hasta Persia con un ímpetu espiritual del que pocos parangones se registran en la historia de la humanidad. Vez tras vez perdió la batalla, pero en los últimos siglos del Imperio romano estuvo a punto de alzarse con la victoria, y de haber sido ese el resultado final, la historia de Occidente, y con ella la de la Humanidad, no se hubiera parecido en absoluto a la que hemos vivido en los últimos diecinueve siglos.

La Biblioteca de Nag Hammadi y el texto de nuestra traducción

En un primer momento, la numeración de los diversos códices de Nag Hammadi no resultó del todo uniforme. Hoy en día, los textos y su correspondiente paginación se han visto uniformizados de manera definitiva, si bien todavía las abreviaturas varían de un proyecto científico a otro.

Para citar un texto de la colección de Nag Hammadi hay que señalar primero su abreviatura (nosotros seguimos la del castellano); a continuación, en números romanos, el número de códex, y finalmente, en números arábigos, separados por comas, los números de páginas y líneas del manuscrito. La única excepción a este procedimiento viene dada por el Evangelio de Tomás, del que suele citarse el número de la sentencia.

I, 1	A, 1-10	Oración del Apóstol Pablo	Or Pa
	B, 11-12	Colofón	
I, 2	1, 11-16, 30	Carta Apócrifa de Santiago	Apocr Sant
I, 3	16, 31-43, 24	Evangelio de Verdad	Ev Ver
I, 4	43, 25-50, 18	Tratado sobre la Resurrección	Tr Res
I, 5	51, 1-138, 25	Tratado tripartito	Tr Tri
II,1	1, 1-32, 9	Apócrifo de Juan	Apocr Jn
II, 2	32, 10-51, 28	Evangelio de Tomás	Ev T
II, 3	51, 29-86, 19	Evangelio de Felipe	Ev F
II, 4	86, 20-97, 23	Hipóstasis de los arcontes	Hip Arc
II, 5	97, 24-127, 17	Escrito sin título	Es T
II, 6	127, 18-137, 27	Exégesis del alma	Ex Alm
II, 7	138, 1-145, 19	Libro de Tomás el atleta	T Atl
	145, 20-23	Colofón	
III, 1	1, 13-40, 11	Apócrifo de Juan	Apocr Jn
III, 2	40, 12-69, 20	Evangelio de los Egipcios	Ev Eg
III, 3	70, 1-90, 13	Eugnosto el Bienaventurado	Eug
III, 4	90, 14-119, 18	Sabiduría de Jesucristo	S JC
III, 5	120, 1-149, 23	Diálogo del Salvador	Dial Sal
IV, 1	1, 1-49, 28	Apócrifo de Juan	Apocr Jn
IV, 2	50, 1-81, 2	Evangelio de los Egipcios	Ev Eg
V, 1	1, 1-17, 18	Eugnosto el Bienaventurado	Eug
V, 2	17, 19-24, 9	Apocalipsis de Pablo	Apoc Pa
V, 3	24, 10-44, 10	I Apocalipsis de Santiago	I Apoc Sant
V, 4	44, 11-63, 32	II Apocalipsis de Santiago	II Apoc Sant
V, 5	64, 1-85, 32	Apocalipsis de Adán	Apoc Ad
VI, 1	1, 1-12, 22	Hechos de Pedro y de los Doce Apóstoles	Act Pe Doce Ap
VI, 2	13, 1-21, 32	Bronté o el trueno	Br
VI, 3	22, 1-35, 24	Logos Auténtico	Lo Au
VI, 4	36, 1-48, 15	Concepto de nuestra gran potencia	Gr Po
VI, 5	48, 16-51, 23	Fragmento de la República de Platón	Plat Rep

		588b-589b	
VI, 6	52, 1-63, 32	Ogdoada y enneada	Ogd Enn
VI, 7	63, 33-65, 7	Oración de acción de gracias	Or Acgr
	65, 8-14	Colofón	
VI, 8	65, 15-78, 43	Asclepio (Copto)	Ascl Copt
VII, 1	1, 1-49, 9	Paráfrasis de Sem	Para Sem
VII, 2	49, 10-70, 12	II Tratado del gran Seth	II T Seth
VII, 3	70, 13-84, 14	Apocalipsis de Pedro	Apoc Pe
VII, 4	84, 15-118, 7	Enseñanzas de Silvano	Silv
	118, 8-9	Colofón	
VII, 5	118, 10-127, 27	Tres Estelas de Seth	3 E Seth
	127, 28-32	Colofón	
VIII, 1	1, 1-132, 9	Zostriano	Zostr
VIII, 2	132, 10-140, 27	Carta de Pedro a Felipe	Pe F
IX, 1	1,1-27, 10	Melquisedec	Melq
IX, 2	27, 11-29, 5	Norea	Nor
IX, 3	29, 6'74, 31	Testimonio de Verdad	T Ve
X, 1	1, 1-68, 18	Marsanés	Mar
XI, 1	1, 1-21, 35	Interpretación de la gnosis	Int Gn
XI, 2	22, 1-39, 39	Exposición valentiniana	Exp Val
XI, 2a	40, 8-29	Unción	Unc
XI, 2b	40, 30-41, 38	Bautismo A	Bau A
XI, 2c	42, 10-43, 20	Bautismo B	Bau B
XI, 2d	43, 20-38	Eucaristía A	Euc A
XI, 2e	44, 14-37	Eucaristía B	Euc B
XI, 3	45, 4-69, 20	Alógeno	Alog
XI, 4	69, 21-72, 33	Hipséfrona	Hip
XII, 1	15, 1-34, 28	Sentencias de Sexto	S Sext
XII, 2	53, 19-60, 30	Evangelio de Verdad	Ev Ver
XIII, 1	35, 1-50, 24	Protegnoia Trimorfa	Prot Tr
XIII, 2	50, 25-34	Escrito sin título	Es T

Los Evangelios cuyo texto ofrecemos a continuación han sido traducidos del copto de acuerdo con la versión que hemos señalado con anterioridad, si bien hemos cotejado la misma con las ediciones de J. M. Robinson, Till, Bohlig y Labib.

El copto es una lengua que puede considerarse como el último estadio de evolución del primitivo egipcio. Su alfabeto es sustancialmente el mismo que el griego, si bien aparecen en él algunos signos propios derivados de la escritura egipcia demótica. Su utilización ha venido limitándose a la traducción y redacción de textos religiosos, así como a la elaboración de documentos públicos y privados, razón por la cual su vocabulario no resulta excesivamente extenso.

Gramaticalmente el copto es una lengua relativamente sencilla si se la compara con las lenguas semíticas como el árabe o el hebreo, o aun con el latín y el griego. Desconoce las declinaciones, su conjugación es sencilla (incluso algunos verbos conservan la antigua forma egipcia de conjugar a través de sufijos) y carece de una voz pasiva propiamente dicha.

Su mayor dificultad, a juicio de este autor, es la existencia de cinco dialectos fundamentales (saídico, ajmímico, medio egipcio, faiúmico y boaírico).

En conjunto, la Biblioteca de Nag Hammadi no resulta de traducción especialmente complicada en lo que a los textos en sí se refiere. Cuestión aparte es la dificultad (típica, por otro lado, de todo tipo de manuscritos) que supone el estado de los materiales y la poco clara configuración de los periodos literarios. Esta traducción reproduce con fidelidad el sentir de los autores gnósticos de los Evangelios que hoy presentamos, y ha optado, por regla general, más por una literalidad fiel —aunque quizá áspera en su expresión— que por una traducción libre que perdiera el sentido del original.

EVANGELIO DE TOMÁS

Advertencia

Para la traducción y cita de las referencias de la Biblia he utilizado el texto griego del Nuevo Testamento He Kainé Diazeké publicado por la Sociedad Bíblica Trinitaria de Londres, y el texto hebreo de la Biblia hebraica Stuttgartensia, editio minor, 1984. En cuanto a la traducción de los textos de Nag Hammadi, he preferido la edición de la UNESCO, cotejándola con la editada por J. M. Robinson y las respectivas de Till, y Bohlig y Labib. Por regla general, en las discrepancias he optado por estas últimas, pero he mantenido un criterio de independencia personal.

C. V.

Introducción

E L Evangelio de Tomás consiste en una compilación de dichos, sentencias y parábolas de Jesús desprovistos en su aplastante mayoría de cualquier contexto, a diferencia de lo que sucede con los Evangelios canónicos. Se atribuye su redacción a Tomás el «mellizo», uno de los apóstoles que contempló a Jesús resucitado (Juan 20), y que en ciertos círculos gnósticos era considerado, sin ninguna base histórica, «mellizo» de Jesús. El texto también intenta derivar parte de su autoridad de Santiago, el hermano de Jesús, autor de la epístola del mismo nombre que aparece en el Nuevo Testamento. Por lo tanto, lo que se pretendía era legitimar una reinterpretación de las enseñanzas de Jesús en clave gnóstica y, al mismo tiempo, tender puentes hacia el judeocristianismo, que se apoyaba en la figura de Santiago. Ambos intentos resultaron fallidos, si bien contaban con ciertas posibilidades, dado que los judeocristianos conservaban algunos de los rasgos morales más radicales de Jesús.

Al contrario de lo que sucede con otros Evangelios gnósticos, la principal fuente de inspiración no parece Juan, sino Mateo y Lucas, lo cual ha sugerido que debió de tener acceso a la hipotética fuente Q (*Quelle* es «fuente» en alemán). Nota: Sobre este tema, véase: C. Vidal, *El Primer Evangelio: el Documento Q*, Madrid, 2005.

La elección de pasajes, sin embargo, ha dejado aparte aspectos teológicos y ha hecho especial hincapié en aquellas enseñanzas de Jesús que iban siendo, presuntamente, escamoteadas por una Iglesia desradicalizada, como son la pobreza radical, el desapego familiar, etc. Quizá por ello, de los pocos contextos transmitidos en este Evangelio buena parte se encuentran relacionados con el enfrentamiento de Jesús con sus hermanos y, más acremente, con su madre.

Dado que el culto a María muy posiblemente se inició en Asia Menor ya cercano el siglo IV [1], aquí nos encontraríamos con un nuevo motivo de confrontación entre los gnósticos y la Iglesia más oficial y acomodada en sus planteamientos.

Debido a la predominancia de influencias sinópticas, algunos autores han cuestionado que nos encontremos ante un Evangelio realmente gnóstico. Creemos que, en efecto, lo es, si bien pretende estar muy conectado con el mismo Jesús y no incluye elementos de la filosofía clásica como sucederá en planteamientos posteriores del gnosticismo cristiano.

Precisamente por su carácter gnóstico, este Evangelio no centra la obtención de la salvación en la fe en Cristo, como hace el Nuevo Testamento (verbigracia, Juan 3, 16; 5, 24, etc.), sino en el conocimiento. Este, además, no resulta especulativo, sino que está muy vinculado a una vida de seguimiento radical de Jesús, es decir, conocer no implica perder el contacto con la realidad, sino afrontarla con una escala de valores distinta, que coloca en su sitio, a juicio de los gnósticos, cuestiones como el dinero, el poder, la familia, etc.

No resulta fácil fechar este Evangelio, pero podemos aventurar que se remonta, como mínimo, al siglo II, sin que actualmente nos sea posible precisar más. Diversos autores, sin embargo, lo han situado, sin base real, a finales del siglo I, e incluso antes de la redacción de alguno de los Evangelios canónicos. En cuanto al lugar en que fue escrito, muy posiblemente se trate de Siria.

---

[1] Sobre los antecedentes judeocristianos de la mariología, véase César Vidal, «El origen judeo-cristiano de la mariología según las fuentes arqueológicas de los tres primeros siglos», en *Pastoral Ecuménica*, núm. 22, Madrid, 1991, e ídem, «La figura de María en la literatura apócrifa judeo-cristiana de los dos primeros siglos», en *Ephemerides Mariologicae*, vol. XLI, 1991, fase. III, pp. 191-205.

ESTOS son los dichos secretos que el Jesús vivo habló y que Judas Tomás el gemelo escribió.

1 Y Él dijo: «Cualquiera que encuentre la interpretación de estos dichos no experimentará muerte» [1].

2 Jesús dijo: «Que aquel que busca continúe buscando hasta que encuentre. Cuando encuentre se turbará. Cuando se turbe, se sorprenderá y regirá sobre Todo».

3 Jesús dijo: «Si aquellos que os guían os dicen: Mirad, el Reino está en el cielo, entonces los pájaros del cielo os precederán. Si os dicen: Está en el mar, entonces los peces os precederán. El Reino está dentro de vosotros y está fuera de vosotros. Cuando lleguéis a conoceros a vosotros mismos, entonces seréis conocidos, 33 y os daréis cuenta de que vosotros sois los hijos del Padre viviente. Pero si no llegáis a conoceros a vosotros mismos, moráis en la pobreza y vosotros sois esa pobreza» [2].

4 Jesús dijo: «El anciano en días no dudará en preguntar a un niño pequeño de siete días sobre el lugar de la

---

[1] Este inicio indica un muy primitivo enfoque gnóstico. Al contrario de lo contenido en el Nuevo Testamento, que cifra la salvación en la fe (por ejemplo, Juan 3, 16; Romanos 5,1; Efesios 2, 8-10), «Tomás» hace depender la salvación del conocimiento, la gnosis.

[2] Se trata de una apropiación de la máxima clásica de «Conócete a ti mismo», que en este caso se canaliza hacia un impulso de buscar la gnosis.

vida y vivirá. Porque muchos que son los primeros llegarán a ser los últimos y se convertirán en uno y el mismo».

5   Jesús dijo: «Reconoced lo que tenéis a la vista y lo que está oculto de vosotros se os aclarará. Porque no hay nada oculto que no llegue a manifestarse» [3].

6   Sus discípulos le preguntaron y le dijeron: «¿Quieres que ayunemos? ¿Cómo oraremos? ¿Debemos dar limosna? ¿Qué dieta observaremos?».
Jesús dijo: «No digáis mentiras y no hagáis lo que odiáis porque todas las cosas son claras a la vista del Cielo. Porque nada oculto quedará sin ser manifestado y nada cubierto quedará sin ser descubierto».

7   Jesús dijo: «Bienaventurado el león que se hace hombre cuando es consumido por el hombre; y maldito sea el hombre a quien el león consume, y el león que se hace hombre».

8   Y Él dijo: «El hombre es como un pescador sabio que arroja su red al mar y la saca del mar llena de peces pequeños. Entre ellos el sabio pescador encontró un pez grande y valioso. Arrojó todos los peces pequeños 34 de vuelta al mar y escogió el pez grande sin dificultad. El que tenga oídos para oír que oiga» [4].

9   Jesús dijo: «El Sembrador salió, tomó un puñado de semillas y las esparció. Algunas cayeron en el camino; los pájaros vinieron y las reunieron. Otras cayeron en la roca,

---

[3] Existe un paralelo en el discurso de Mateo 10, 26. Como veremos, abundan las citas de dicho discurso en este Evangelio gnóstico, por cuanto reproducen un contexto de expansión misionera en tiempo de dificultad. Originalmente tal discurso se encargaba de servir de catequesis para los predicadores itinerantes cristianos, que llevaban una vida de radicalismo moral (pobreza absoluta, etc.). El hecho de que los gnósticos a los que se refiere este Evangelio conservaran dicho radicalismo, del que ya se iba apartando un amplio sector del cristianismo por considerarlo poco realista, hace comprensible la utilización de esta perícopa del Evangelio de Mateo, aunque este no tenga visos de impregnación gnóstica.

[4] Es una versión diferente de la parábola que se encuentra en Mateo 13, 47 y ss.

no echaron raíces en el suelo, y no brotaron espigas. Y otras cayeron sobre cardos; ahogaron la semilla y los gusanos se la comieron. Y otras cayeron en el suelo bueno y dieron buen fruto: dio sesenta por medida y ciento veinte por medida» [5].

10 Jesús dijo: «He arrojado fuego sobre el mundo, y mirad, lo estoy guardando hasta que arda» [6].

11 Jesús dijo: «Este cielo pasará y lo que está por encima de él pasará. Los muertos no están vivos y los vivos no morirán. En los días en que consumisteis lo que está muerto, lo hicisteis como vivo. Cuando vengáis a morar en la luz, ¿qué haréis? En el día en que fuisteis uno llegasteis a ser dos. Pero cuando os convirtáis en dos, ¿qué haréis?».

12 Los discípulos dijeron a Jesús: «Sabemos que te marcharás de nuestro lado. ¿Quién será nuestro jefe?».

Jesús les dijo: «En cualquier sitio en que estéis, debéis acudir a Santiago el justo, por cuya causa llegaron a existir el cielo y la tierra» [7].

13 Jesús dijo a sus discípulos: «Comparadme con alguien y decidme a quién me asemejo» [8].

---

[5] Otra versión diferente de la parábola de la siembra que se encuentra en Mateo 13, 18 y ss. La razón de este uso radica en que el mismo Mateo señala que Jesús hacía partícipes a sus discípulos de «los misterios del reino de los cielos, pero a ellos (los no creyentes) no» (Mateo 13, 11).

[6] Lucas 12, 49, ofrece un texto paralelo.

[7] La referencia aquí es a Santiago, el hermano de Jesús, al que se menciona en Mateo 13, 55, y Marcos 6, 4. En vida de Jesús no creyó en él (Juan 7), pero la aparición de este tras su muerte en la cruz (1 Corintios 15) parece que lo decidió en favor de su hermano y llegó a ser una de las columnas de la Iglesia de Jerusalén (Gálatas 1, 19). Flavio Josefo lo cita (*Antigüedades* XX) como «el hermano de Jesús, llamado el Mesías». Sin duda, aquí se reproduce un fragmento de tradición de la comunidad judeocristiana que se apoyaba de manera preponderante en Santiago.

[8] El pasaje que viene a continuación no se encuentra en los Evangelios canónicos, pero parece tener cierto paralelismo con la Confesión de Cesarea de Filipos que se narra en Mateo 16.

Simón Pedro le dijo: «Eres como un ángel justo».

Mateo le dijo: 35 «Eres como un sabio filósofo».

Tomás le dijo: «Maestro, mi boca es absolutamente incapaz de decir a quién te asemejas».

Jesús dijo: «Yo no soy tu maestro. Porque tú has bebido, te has emborrachado con la corriente burbujeante que he medido».

Y Él lo tomó y se retiró y le dijo tres cosas. Cuando Tomás volvió con sus compañeros, le preguntaron: «¿Qué te dijo Jesús?». Tomás les dijo: «Si os dijera una de las cosas que me dijo, cogeríais piedras y me las lanzaríais. Un fuego saldría de las piedras y os quemaría».

14   Jesús les dijo: «Si ayunáis, daréis cabida al pecado en vosotros; y si oráis, seréis condenados; y si dais limosna, dañaréis a vuestros espíritus. Cuando vayáis a cualquier tierra y caminéis por los barrios, si os reciben, comed lo que os pongan delante, y sanad a los enfermos 9 que haya entre ellos. Porque lo que entre en vuestra boca no os contaminará, sino que lo que salga de vuestra boca es lo que os contaminará» 10.

15   Jesús dijo: «Cuando veáis a alguien que no nació de mujer, postraos sobre vuestros rostros y adorarlo. Ese es vuestro Padre».

16   Jesús dijo: «Los hombres piensan, quizá que es la paz lo que he venido a arrojar sobre el mundo. No saben que lo que he venido a arrojar a la tierra es disensión 11: fuego, espada y guerra. Porque había cinco 36 en una casa: tres estarán contra dos, y dos contra tres, el Padre contra el hijo y el hijo contra el padre. Y estarán solos».

17   Jesús dijo: «Os daré lo que ningún ojo ha visto, y lo que ningún oído ha escuchado y lo que ninguna mano ha

---

9 De nuevo nos encontramos con otro paralelo de Mateo 10, 5 y ss.

10 Un texto similar, relacionado, en este caso, con las leyes dietéticas judías, se encuentra en Marcos 7, 14-15.

11 Un texto similar aparece en Lucas 12, 49.

tocado, y lo que nunca se le ha ocurrido a la mente humana» [12].

18 Los discípulos le dijeron a Jesús: «Dinos cómo será nuestro fin». Jesús dijo: «¿Es que ya habéis descubierto el principio para que busquéis el fin? Porque donde está el principio estará el final. Bienaventurado es aquel que toma su lugar en el principio; conocerá el final y no experimentará la muerte».

19 Jesús dijo: «Bienaventurado aquel que llegue a ser antes de llegar a ser. Si os convertís en mis discípulos y escucháis mis palabras, estas piedras os servirán. Porque hay cinco árboles para vosotros en el Paraíso, que permanecen sin problemas el verano y el invierno, y cuyas hojas no se caen. Cualquiera que los conozca no experimentará la muerte».

20 Los discípulos le dijeron a Jesús: «Dinos a qué se parece el Reino de los cielos».

Él les dijo: «Se asemeja a una semilla de mostaza, la más pequeña de todas las semillas. Pero cuando cae sobre suelo cultivado produce una gran planta y se convierte en un abrigo para los pájaros del cielo» [13].

21 María le dijo a Jesús: «¿A quién se asemejan tus discípulos?».

Él dijo: «Son como 37 niños que se han sentado en un campo que no es suyo [14]. Cuando llegan los propietarios del campo, dirán recuperemos nuestro campo. Se desnudarán en su presencia para recuperar su campo y para que se lo devuelvan a ellos. Por lo tanto, os digo que si el dueño de la casa supiera que viene el ladrón, empezaría

---

[12] Estas palabras originalmente no eran de Jesús. En el Nuevo Testamento son citadas por Pablo de Tarso en 1 Corintios 2, 9, pero su raíz habría que buscarla en la tradición judía, verbigracia, Isaías 64, 3, y Jeremías 3, 16.

[13] Una versión más desarrollada de esta parábola se encuentra en Mateo 13, 31-32.

[14] Existe un texto paralelo de esta cita en Juan 4, 34 y ss.

su guardia antes de que viniera y no le dejaría horadar la casa que le pertenece para que se lleve sus bienes [15]. Por lo tanto, vosotros estad en guardia contra el mundo. Armaos con gran fuerza para que los ladrones no hallen un camino para llegar a vosotros, porque la dificultad que esperáis se materializará. Que haya entre vosotros un hombre de entendimiento. Cuando el grano maduró, vino rápidamente con su hoz en su mano y lo cosechó. El que tenga oídos para oír que oiga».

22   Jesús vio a unos niños que eran amamantados. Dijo a sus discípulos: «Estos niños que son amamantados son como los que entran en el Reino» [16].

Le dijeron: «¿Entraremos, entonces, como niños en el Reino?».

Jesús les dijo: «Cuando hagáis de los dos uno, y cuando hagáis el interior como el exterior y el exterior como el interior, y lo de arriba como lo de abajo, y cuando hagáis al hombre y a la mujer una cosa y la misma, de manera que el hombre no sea hombre y la mujer no sea mujer; y cuando forméis ojos en lugar de un ojo y una mano en lugar de una mano, y un pie en lugar de un pie, y una semejanza en lugar de una semejanza; entonces entraréis en (el Reino)» 38.

23   Jesús dijo: «Os elegiré, uno de cada mil y dos de cada diez mil, y seréis uno solo».

24   Sus discípulos le dijeron: «Muéstranos el lugar donde estás puesto que es necesario que lo busquemos».

Él les dijo: «El que tenga oídos para oír que oiga. Hay luz dentro de un hombre de luz y él alumbra a todo el mundo. Si él no brilla, es oscuridad».

25   Jesús dijo: «Amad a vuestro hermano como a vuestra alma, guardadlo como la niña de vuestro ojo».

---

[15] Lucas 12, 39, recoge un pasaje similar a este.

[16] Se trata de una variación del tema de los niños que entran en el Reino de los Cielos. Este motivo, si bien no muy frecuentemente, aparece en la literatura gnóstica.

26 Jesús dijo: «Veis la mota en el ojo de vuestro hermano, pero no veis la viga en vuestro propio ojo. Cuando saquéis la viga de vuestro propio ojo, veréis claramente para sacar la mota del ojo de vuestro hermano» [17].

27 (Jesús dijo) «Si no ayunáis en relación al mundo, no hallaréis el Reino. Si no observáis el sábado como el sábado, no veréis al Padre».

28 Jesús dijo: «Tomé mi lugar en medio del mundo, y me aparecí en carne. Os encontré a todos embriagados; no encontré a ninguno sediento. Y mi alma se afligió por los hijos de los hombres; porque son ciegos en sus corazones y no tienen visión; porque vacíos vinieron al mundo y vacíos también intentan dejar el mundo. Pero de momento están embriagados. Cuando se sacudan el vino se arrepentirán».

29 Jesús dijo: «Si la carne llega a existir a causa del espíritu, es una maravilla. Pero si el espíritu llega a existir a causa del cuerpo, es una maravilla de las maravillas. Ciertamente, yo estoy maravillado 39 de cómo esta gran riqueza ha construido su morada en esta pobreza».

30 Jesús dijo: «Donde hay tres dioses, son dioses. Donde hay dos o uno, yo estoy con él» [18].

31 Jesús dijo: «Ningún profeta es aceptado en su pueblo» [19]; ningún médico sana a aquellos que lo conocen» [20].

32 Jesús dijo: «Una ciudad que está edificada en una montaña alta que ha sido fortificada no puede caer, ni puede ser ocultada» [21].

---

[17] Un texto de contenido similar se halla en el Sermón del Monte, Mateo 7, 1-5.

[18] Un pasaje de contenido similar, aunque de formulación diferente, se encuentra en Mateo 18, 19-20.

[19] La cita se refiere al rechazo histórico de Jesús en Galilea; véase Lucas 4, 24.

[20] Se trata de una alteración (en términos de gnosis) de la cita contenida en Lucas 4, 23.

[21] Una frase similar aparece en Mateo 5, 14.

33   Jesús dijo: «Predicad desde vuestras azoteas lo que oiréis en vuestro oído [22]. Porque nadie enciende una lámpara y la coloca bajo un almud, ni la pone en un lugar oculto, sino que, por el contrario, la coloca en un candelera para que todos los que entren y salgan vean su luz» [23].

34   Jesús dijo: «Si un ciego guía a un ciego, caerán en un pozo» [24].

35   Jesús dijo: «No es posible para nadie entrar en la casa de un hombre fuerte y sujetarlo por la fuerza a menos que ate sus manos; entonces podrá saquear la casa» [25].

36   Jesús dijo: «No os preocupéis desde la mañana hasta la noche y desde la noche hasta la mañana por lo que os pondréis» [26].

37   Sus discípulos dijeron: «¿Cuándo te revelarás a nosotros y cuándo te veremos?».

Jesús dijo: «Cuando os desnudéis sin avergonzaros y toméis vuestros vestidos y os los coloquéis bajo los pies como niñitos y los pisoteéis, entonces (veréis) 40 al hijo del que vive, y no temeréis».

38   Jesús dijo: «Muchas veces habéis deseado escuchar estas palabras que os estoy diciendo y no tendréis a nadie más que las escuche. Habrá días cuando me busquéis y no me encontraréis» [27].

39   Jesús dijo: «Los fariseos y los escribas han agarrado las llaves del conocimiento y las han escondido. Ellos mis-

---

[22] De nuevo una referencia a Mateo 10, 27.

[23] El pasaje prefiere aquí citar la interpretación de este dicho contenida en Lucas (14, 34-35) a la contenida en Mateo (5, 15).

[24] La cita aparece también en Mateo 15, 14.

[25] Lucas 12, 39, contiene un pasaje similar.

[26] La cita aparece en un contexto de frases de contenido similar en el Sermón del Monte, Mateo 7, 28.

[27] Esta advertencia de Jesús a los discípulos en el sentido de su poco aprecio por la presencia de ese momento y la nostalgia futura, nos ha sido transmitida bajo diversas formas en los Evangelios sinópticos y en el de Juan. Cabe también la posibilidad de que la circunstancia se repitiera varias veces a lo largo de la vida de Jesús.

mos no han entrado, ni han permitido entrar a aquellos que desean hacerlo [28]. Vosotros, sin embargo, sed tan sabios como las serpientes, y tan inocentes como las palomas» [29].

40 Jesús dijo: «Una viña ha sido plantada fuera del Padre, pero no es sólida, será arrancada de raíz y destruida».

41 Jesús dijo: «Cualquiera que tenga algo en su mano recibirá más, y cualquiera que no tenga nada será privado hasta de lo poco que tiene» [30].

42 Jesús dijo: «Convertíos en transeúntes».

43 Sus discípulos le dijeron: «Quién eres tú para decirnos estas cosas».

(Jesús les dijo) «No os dais cuenta de quién soy por lo que os digo, sino que habéis llegado a ser como los judíos, porque ellos o aman el árbol y odian su fruto, o aman el fruto y odian el árbol» [31].

44 Jesús dijo: «Cualquiera que blasfeme contra el Padre será perdonado, y cualquiera que blasfeme contra el Hijo será perdonado, pero que cualquiera que blasfeme contra el Espíritu Santo no será perdonado ni en la tierra ni en el cielo» [32].

---

[28] Esta cita aparece en Mateo 23, 13, dentro de una colección de dichos de Jesús contrarios al sistema religioso representado por escribas y fariseos. Resulta casi imposible determinar cuál fue su contexto inicial, porque tanto en Mateo como aquí se ha incluido la frase en un contexto más didáctico que histórico.

[29] Al igual que en el caso anterior, nos encontramos con un dicho de Jesús que nos ha sido transmitido por Mateo (10, 16) en un contexto distinto aunque seguramente más correcto.

[30] Un texto parecido se encuentra en Mateo 13, 12, en un contexto que puede ser interpretado en términos de gnosis y que indicaría la necesidad de no detenerse en esta sino avanzar continuamente.

[31] Mateo 12, 33 y ss., contiene un texto de corte similar, pero en él la nota descalificadora no está dirigida contra los judíos en general, sino contra algunos sectores religiosos dentro del judaísmo. Este pasaje podría indicar un ambiente de redacción no judío e incluso una nota antisemita.

[32] En Mateo 12, 31 y ss., aparecen restos de esta controversia, al parecer conectada con el poder de Jesús para expulsar demonios.

45   Jesús dijo: «No se cosechan uvas de los cardos, ni se sacan higos de los espinos porque no dan fruto. Un buen hombre saca 41 lo bueno de su almacén; un mal hombre saca malas cosas de su almacén malo, que está en su corazón, y dice cosas malas. Porque de la abundancia de corazón saca malas cosas» [33].

46   Jesús dijo: «Entre los nacidos de mujer, desde Adán hasta Juan el Bautista, no hay ninguno tan superior a Juan el Bautista que no deba bajar los ojos (ante él) [34]. Sin embargo, digo que cualquiera de vosotros que llegue a ser un niño conocerá el Reino y llegará a ser superior a Juan» [35].

47   Jesús dijo: «Es imposible para un hombre montar dos caballos o tensar dos arcos. Y es imposible para un siervo servir a dos amos [36]; de otra manera, honrará a uno y tratará mal al otro. Nadie bebe vino viejo y desea inmediatamente beber vino nuevo. Y el vino nuevo no es puesto en odres viejos, pues estos estallarían, ni el vino viejo es puesto en un odre nuevo porque lo estropearía. Una pieza vieja no es cosida en un vestido nuevo porque el resultado sería un desgarro» [37].

48   Jesús dijo: «Si dos hacen las paces entre sí en esta casa, dirán a la montaña, apártate, y se apartará».

---

[33] Mateo 12, 35, incluye un texto similar. La proximidad entre este texto y el anterior, tanto en el presente Evangelio como en el canónico de Mateo, hace pensar que primitivamente debieron de transmitirse juntos, o que quizá utilizaron una fuente común de tradición.

[34] El texto aparece en su primera parte en el Nuevo Testamento (véase Mateo 11, 29 y ss.), pero la frase final es exclusiva de este fragmento gnóstico.

[35] También la referencia a los niños aparece en el Nuevo Testamento, mas la promesa de llegar a ser superior a Juan, solo en este Evangelio.

[36] La última frase nos ha sido transmitida asimismo por los Evangelios sinópticos (por ejemplo, Mateo 6, 24), pero las dos frases anteriores solo las conocemos por «Tomás».

[37] La imagen de los odres y el vino figura en el Nuevo Testamento como un símbolo de la imposibilidad de conciliar lo nuevo con lo viejo (véase Mateo 9). Aquí parece hacer referencia a la imposibilidad material de simultanear la pertenencia a la comunidad gnóstica con la lealtad a una Iglesia que se está volviendo cada vez más acomodaticia.

49   Jesús dijo: «Bienaventurados son los solitarios y elegidos, porque encontraréis el Reino. Porque de él sois y a él volveréis».

50   Jesús dijo: «Si os dicen: "¿De dónde venís?", decidles: "Venimos de la luz, del lugar donde la luz se originó por su propio deseo y se estableció 42 y se manifestó a través de su imagen". Si os dicen: "¿Sois vosotros?", decid: "Nosotros somos sus hijos, y somos los elegidos del Padre viviente". Si ellos os preguntan: "¿Cuál es la señal de que el Padre está en vosotros?", decidles: "Es el movimiento y el descanso"».

51   Sus discípulos le dijeron: «¿Cuándo vendrá el reposo de los muertos y cuándo vendrá el nuevo mundo?».
      Él les dijo: «Aquello que esperáis en el futuro ya ha venido, pero no lo reconocéis» [38].

52   Sus discípulos le dijeron: «Veinticuatro profetas hablaron en Israel y todos hablaron en Ti».
      Él les dijo: «Habéis omitido al que vive en presencia vuestra y ha hablado solo de los muertos».

53   Sus discípulos le dijeron: «¿Es la circuncisión beneficiosa o no?».
      Él les dijo: «Si fuera beneficiosa, su padre los hubiera engendrado y circuncidado de su madre. Por el contrario, la verdadera circuncisión en Espíritu es auténticamente provechosa» [39].

54   Jesús dijo: «Bienaventurados los pobres porque vuestro es el Reino de los cielos» [40].

---

[38] El pasaje puede suponer un intento indirecto de desautorizar el papel de la legitimidad apostólica pretendido por algunos cristianos antignósticos.

[39] Posiblemente este pasaje es resto de la controversia antijudía dentro de la Iglesia. Con toda seguridad no son palabras auténticas de Jesús lo que transmite, y de nuevo sirve para indicar un marco no palestino para este Evangelio.

[40] Tal vez se trate de la primera versión de esta bienaventuranza. Ha sido conservada en Lucas 6, 20-23. La que aparece en Mateo 5, 3, tiene el aspecto de haber sido escrita en un sentido susceptible de ser interpretado más espiritualmente.

55   Jesús dijo: «Cualquiera que no odia a su padre y a su madre no puede ser discípulo mío [41]. Y cualquiera que no odia a su hermano y hermana y lleva su cruz a mi manera no será digno de mí» [42].

56   Jesús dijo: «El que ha llegado a entender el mundo, ha encontrado solo un cadáver, y todo el que ha encontrado un cadáver es superior al mundo».

57   Jesús dijo: «El Reino del Padre es como un hombre que tiene (buena) semilla. Su enemigo vino de noche 43 y sembró malas hierbas entre la buena semilla. El hombre no permitió que se arrancaran las malas hierbas; les dijo: temo que al arrancar las malas hierbas arranquéis el trigo con ellas. Porque en el día de la cosecha las malas hierbas serán claramente visibles y serán arrancadas y quemadas» [43].

58   Jesús dijo: «Bienaventurado es el hombre que ha sufrido y ha encontrado la vida».

59   Jesús dijo: «Escuchad al Viviente mientras estáis vivos, después moriréis e intentaréis buscarlo y no podréis hacerlo».

60   (Vieron) a un samaritano que llevaba un cordero de camino a Judea. Él dijo a sus discípulos: «¿(Por qué) Ese hombre (Lleva) un cordero?».

Le dijeron: «Para matarlo y comérselo».

Él les dijo: «Mientras esté vivo no se lo comerá, sino que lo hará solo cuando lo haya matado y sea un cadáver».

Le dijeron: «No puede hacerlo de otra manera».

Les dijo: «Vosotros también buscad un lugar para vosotros dentro del reposo para no convertiros en un cadáver y ser comidos».

---

[41] Un paralelo de esta cita se encuentra en Lucas 14, 26.

[42] Esta frase parece un desarrollo de la anterior, y no se ha conservado en los Evangelios sinópticos.

[43] Una versión más elaborada de la parábola se encuentra en Mateo 13, 24 y ss.

61 Jesús dijo: «Dos descansarán en una cama: uno morirá y el otro vivirá».

Salomé dijo: «¿Quién eres tú, hombre, que, como si vinieras del Único, has venido a sentarte conmigo y has comido de mi mesa?».

Jesús le dijo: «Yo soy aquel que existe procediendo del Indivisible. Se me entregaron algunas de las cosas de mi Padre».

(Salomé dijo) «Yo soy tu discípula».

(Jesús le dijo) «Por lo tanto, te digo que si es Indivisible, se llenará de luz, pero si está dividido, se verá lleno de oscuridad».

62 Jesús dijo: «A aquellos (que son dignos de 44 mis) misterios les digo mis misterios [44]. No dejéis que vuestra mano izquierda sepa lo que está haciendo vuestra derecha».

63 Jesús dijo: «Hubo un rico que tenía mucho dinero. Este dijo: pondré mi dinero para utilizarlo de manera que pueda sembrar, recoger, plantar y llenar mi almacén con el producto; con ese resultado no careceré de nada. Tales eran sus intenciones, pero esa misma noche murió. El que tenga oídos que oiga» [45].

64 Jesús dijo: «Un hombre había recibido visitantes. Y cuando hubo preparado la cena envió a su siervo a invitar a los convidados. Fue al primero y le dijo: mi amo te invita. Aquel le dijo: tengo algunas reclamaciones contra algunos mercaderes. Vienen a verme esta noche. Tengo que ir y darles órdenes. Te ruego que me disculpes por no ir a la cena. Fue a otro y le dijo: mi amo te ha invitado. Este le dijo: he comprado una casa y estoy ocupado todo el día. No tendré tiempo libre. Fue a otro y le dijo: mi amo te invita. Le dijo: amigo mío, voy a casarme y a preparar el banquete. No podré ir. Te ruego que me disculpes por no ir a la cena. Fue a otro y le dijo: mi amo te invita. Este le

---

[44] Se trata de un eco gnóstico del texto de Mateo 13, 11.
[45] Lucas 12, 16 y ss., contiene una versión de la parábola muy similar.

dijo: acabo de comprar una granja y voy a cobrar el alquiler, no podré ir. Te ruego que me disculpes. El siervo volvió y le dijo a su amo: aquellos a los que invitaste a la cena han pedido que los disculpes. El amo le dijo al siervo: sal a las calles y trae a los que te encuentres para que cenen. Los hombres de negocios y los mercaderes no entrarán en los lugares de mi padre» 45 46.

65   Dijo: «Había un hombre bueno que poseía una viña. La alquiló a unos arrendatarios para que la trabajaran y poder recoger el producto de ellos. Envió a su siervo para que los arrendatarios le dieran el producto de la viña. Echaron mano de su siervo y lo golpearon, le hicieron todo salvo matarlo. El siervo volvió y se lo dijo a su amo. El amo dijo: quizá no lo reconocieron. Envió a otro siervo. Los arrendatarios también golpearon a este. Entonces el propietario envió a su hijo y dijo: quizá respetarán a mi hijo. Pero como los arrendatarios sabían que él iba a heredar la viña, lo echaron mano y lo mataron. El que tenga oído que oiga» 47.

66   Jesús dijo: «Mostradme la piedra que los edificadores han rechazado. Esa es la piedra angular» 48.

67   Jesús dijo: «Cualquiera que cree que el Todo mismo es deficiente, él mismo es totalmente deficiente».

---

46 La parábola de la Cena nos ha sido transmitida bajo diversas variantes en los Evangelios canónicos, pero en ningún caso va ligada a la frase con que es concluida aquí. Posiblemente esta última es resto de un rigorismo ético que estaba perdiéndose en la Iglesia contemporánea a la redacción de este Evangelio y que no existía en el cristianismo del siglo I.

47 La parábola del hijo asesinado por los viñadores homicidas nos ha sido transmitida también por los Evangelios canónicos (véase Mateo 22, 33 y ss.; Marcos 12, 1-12; Lucas 20, 9-19), si bien, mientras que en ese caso iba referida a la controversia antijudía, en este parece conectarse con el enfrentamiento entre gnósticos y no gnósticos.

48 Se trata de una referencia al Salmo 118, 22-23, que en Mateo 21, 42 y ss., se aplica a Jesús y a su rechazo por los judíos dominantes en los sectores religiosos de la población. Aquí se ha suprimido tal contexto y sirve de apoyo a los gnósticos en su enfrentamiento con la Iglesia ortodoxa.

68 Jesús dijo: «Bienaventurados sois cuando os odien y persigan [49]. En cualquier lugar que habéis sido perseguidos no encontrarán lugar».

69 Jesús dijo: «Bienaventurados aquellos que han sido perseguidos dentro de sí mismos. Ellos son los que han llegado a conocer al Padre verdaderamente. Bienaventurados son los hambrientos porque el vientre de aquel que anhela será llenado» [50].

70 Jesús dijo: «Lo que tenéis os salvará si lo sacáis de vosotros mismos. Lo que no tenéis dentro de vosotros os matará si no lo tenéis dentro».

71 Jesús dijo: «Destruiré (esta) casa y nadie podrá volverla a edificar» [51] 46.

72 (Un hombre) le dijo: «Di a mis hermanos que repartan las posesiones de mi padre conmigo».
Él le dijo: «Oh hombre, ¿quién me ha convertido en repartidor?» [52].
Se volvió a sus discípulos y les dijo: «Yo no soy un repartidor, ¿verdad?».

73 Jesús dijo: «La mies es mucha pero los obreros son pocos. Rogad al Señor, por tanto, para que envíe obreros a la mies» [53].

74 Dijo: «Oh Señor, hay muchos que desean beber, pero no hay nada en las cisternas».

75 Jesús dijo: «Hay muchos de pie, a la puerta, pero únicamente el solitario entrará en la cámara nupcial».

76 Jesús dijo: «El reino del Padre es como un mercader que tiene un envío de mercancías y que descubrió una

---

[49] Existe un paralelo neotestamentario en Mateo 5, 10 y ss.

[50] El paralelo que aparece en Mateo 5, 6, ha sido espiritualizado.

[51] Posiblemente se trate de un eco de la controversia contra el Templo en la que participó Jesús (véase Juan 2), y a causa de la cual fue lapidado Esteban (véase Hechos 7).

[52] El pasaje nos ha sido conservado también en los Evangelios canónicos (véase Lucas 12, 14 y ss.).

[53] Una frase similar se encuentra en Mateo 9, 37 y ss.

perla [54]. Aquel mercader era astuto. Vendió la mercancía y se compró la perla. También vosotros buscad el tesoro que no se desvanece y que permanece y que perdura donde ni la polilla se acerca a devorarlo ni el gusano lo destruye» [55].

77   Jesús dijo: «Yo soy la luz que está por encima de todos ellos. Yo soy el Todo. De mí vino Todo y a Mí se extiende todo. Partid un trozo de madera y yo allí estoy. Levantad la piedra y me encontraréis allí.

78   Jesús dijo: «¿Por qué habéis salido al desierto? ¿A ver una caña sacudida por el viento? ¿A ver un hombre vestido de ropas finas como vuestros reyes y vuestros grandes 47 hombres? Sobre ellos están las ropas finas y son incapaces de discernir la verdad» [56].

79   Una mujer de la multitud le dijo: «Bienaventurado es el vientre que te llevó y los pechos que te alimentaron» [57].

Él le dijo: «Bienaventurados los que han escuchado la palabra del Padre y la han guardado verdaderamente. Porque habrá días en que diréis: Bienaventurado el seno que no ha concebido y los pechos que no han dado de mamar» [58].

80   Jesús dijo: «El que ha reconocido el mundo ha encontrado el cuerpo, pero el que ha encontrado el cuerpo es superior al mundo».

---

[54] La parábola ha sido transmitida en una forma más sencilla por Mateo 13, 45-46.

[55] Mateo 6, 19-20, contiene un texto parecido.

[56] Este pasaje se encuentra referido a Juan el Bautista en los Evangelios sinópticos. Al aislarlo de ese contexto en este Evangelio, puede utilizarse fácilmente en la controversia eclesial frente a los gnósticos.

[57] Lucas 11, 27 y ss., nos transmite este mismo texto en el curso de una predicación de Jesús. La continuación que se le da en «Tomás» es diferente.

[58] El contexto sinóptico conecta estas referencias con una profecía acerca del asedio de Jerusalén. La supresión de aquel permite utilizar el texto en una situación de especial dificultad como la que estaba atravesando la comunidad gnóstica.

81 Jesús dijo: «Que el que se ha hecho rico sea rey, y el que posea el poder renuncie a él».

82 Jesús dijo: «El que está cerca de mí está cerca del fuego, y el que está lejos de mí está lejos del Reino».

83 Jesús dijo: «Las imágenes son claras para el hombre, pero la luz en ellas permanece oculta en la imagen de la luz del Padre. Él se hará manifiesto pero su imagen permanecerá oculta por la luz».

84 Jesús dijo: «Cuando veáis vuestra semejanza, gozaos. Pero cuando veáis vuestras imágenes que han llegado a ser antes de vosotros, y que ni mueren ni se manifiestan, cuánto tendréis que soportar».

85 Jesús dijo: «Adán llegó a ser de gran poder y de gran riqueza, pero no fue digno de vosotros. Porque si hubiera sido digno no hubiera experimentado la muerte».

86 Jesús dijo: «(Las zorras 48 tienen sus agujeros) y los pájaros tienen (sus) nidos, pero el Hijo del hombre no tiene lugar para colocar la cabeza y descansar» [59].

87 Jesús dijo: «Desdichado es el cuerpo que depende de un cuerpo y desdichada es el alma que depende de los dos».

88 Jesús dijo: «Los ángeles y los profetas vendrán a vosotros y os darán aquellas cosas que (ya) tenéis. Y vosotros también, dadles aquellas cosas que tenéis y decíos a vosotros mismos: ¿cuándo vendrán y tomarán lo que es suyo?».

89 Jesús dijo: «¿Por qué laváis el exterior de la copa? ¿No os dais cuenta de que el que hizo el interior es el mismo que hizo el exterior?» [60].

90 Jesús dijo: «Venid a mí porque mi yugo es fácil y mi señorío es suave y encontraréis reposo para vosotros mismos» [61].

---

[59] Tenemos un paralelo de esta frase en Mateo 8, 20.

[60] En los Evangelios sinópticos esta frase va encajada en una controversia de Jesús con los escribas referente a las leyes de pureza ritual (véase Mateo 15). Aquí, aislada de un contexto claro, permite ser utilizada frente a cualquier clase de hipócritas.

[61] Mateo 11, 28 y ss., contiene una referencia parecida.

91	Le dijeron: «Dinos quién eres para que podamos creer en ti».

Él les dijo: «Interpretáis la faz del cielo y de la tierra, pero no habéis reconocido a aquel que es antes que vosotros y no sabéis cómo interpretar este momento» [62].

92	Jesús dijo: «Buscad y hallaréis [63]. Pero lo que me preguntasteis en los primeros tiempos y que entonces no os dije, ahora deseo decíroslo pero no me lo preguntáis».

93	(Jesús dijo): «No deis lo santo a los perros para que no lo arrojen al estercolero. No arrojéis las perlas a los cerdos para que no las despedacen».

94	Jesús (dijo): «El que busca encontrará, y (al que llama) se le dejará entrar».

95	(Jesús dijo): «Si tenéis dinero, 49 no lo prestéis cobrando un interés, sino dadlo a aquel que no os lo devolverá» [64].

96	Jesús (dijo): «El Reino del Padre es como cierta mujer. Tomó un poco de levadura, la (escondió) en algo de masa y las convirtió en hogazas grandes. El que tenga oídos para oír que oiga [65].

97	Jesús dijo: «El Reino del (Padre) es como cierta mujer que llevaba un jarro lleno de comida. Mientras caminaba por un camino, todavía a cierta distancia de la casa, el fondo del jarro se rompió y la comida se derramó detrás de ella por el camino. Ella no se dio cuenta, no notó el contratiempo. Cuando llegó a su casa dio la vuelta al jarro y lo encontró vacío».

---

[62] De nuevo nos encontramos con una privación de contexto que permite utilizar la frase con fines de defensa. Su paralelo en los sinópticos se encuentra en Mateo 16.

[63] Una frase similar se halla en Mateo 7, 7 y ss.

[64] El pasaje no nos ha sido transmitido en el Nuevo Testamento, aunque hay algunas referencias dentro del mismo espíritu. De nuevo nos encontramos ante un ejemplo de rigorismo moral utilizado por los gnósticos contra una Iglesia considerada acomodaticia.

[65] La parábola, en una forma algo más simple, se encuentra en Mateo 13, 33.

98 Jesús dijo: «El Reino del Padre es como cierto hombre que quiso matar a un hombre poderoso. Sacó su espada en casa y la hundió en la pared para ver si su mano podía atravesarla. Después mató al hombre poderoso».

99 Los discípulos le dijeron: «Tus hermanos y tu madre están fuera».

Él les dijo: «Los que están aquí y hacen la voluntad de mi Padre son mis hermanos y mi madre. Esos son los que entrarán en el Reino de mi Padre» [66].

100 Le mostraron a Jesús una moneda de oro y le dijeron: «Los hombres de César nos exigen (que paguemos) impuestos».

Él les dijo: «Dad a César lo que pertenezca a César, dad a Dios lo que pertenece a Dios, y dadme a mí lo que es mío» [67].

101 (Jesús dijo): «Cualquiera que no odie a su padre y a su madre como yo lo hago, no puede convertirse en discípulo mío [68]. Y cualquiera que (no) ama a su padre y a su madre como yo lo hago, no puede convertirse en un (discípulo) mío. Porque mi madre (me dio falsedad), 50 pero (mi) verdadera (madre) me dio vida» [69].

---

[66] Mateo 12, 46 y ss., contiene una versión más ampliada de este incidente. Contra lo que se ha declarado dogma en desarrollos doctrinales posteriores, la documentación histórica apunta en la dirección de que Jesús tenía hermanos de madre, a la que acompañaron en su intento de convencerlo para que abandonara su ministerio (Mateo 13, 55 y ss. y Marcos 6, 3 y ss.). Se trataría del cumplimiento de la profecía formulada en Salmo 69, 8-9 y cumplida en Juan 2, 17. El despego de Jesús con referencia a su familia, sin excluir a su madre, permitía a los gnósticos potenciar los lazos espirituales (Marcos 3, 31-35; Lucas 8, 19-21) y comunitarios por encima de los familiares.

[67] Una versión más desarrollada del pasaje, pero sin la referencia a dar a Jesús, nos ha sido transmitida en los sinópticos (por ejemplo, Mateo 22, 15 y ss.; Marcos 12, 13-17; Lucas 20, 20-26).

[68] Mateo 10, 37 y ss., contiene un texto similar.

[69] Quizá es este uno de los pasajes con carga gnóstica más evidente de esta obra. No obstante el carácter especulativo del texto, es posible que con-

102   Jesús dijo: «Ay de los fariseos, porque son como un perro que duerme en el comedero de los bueyes, porque ni come ni deja que los bueyes coman».

103   Jesús dijo: «Afortunado es el hombre que conoce por dónde entrarán los bandoleros, de manera que se levanta, reúne su dominio y se arma antes de que lo invadan» [70].

104   Dijeron a (Jesús): «Venid, oremos hoy y ayunemos». Jesús dijo: «¿Cuál es el pecado que he cometido o en qué he sido derrotado? Pero cuando el novio abandone la cámara nupcial, ayunad y orad».

105   Jesús dijo: «El que conozca al padre y a la madre será llamado hijo de una prostituta» [71].

106   Jesús dijo: «Cuando hagáis de los dos uno, os convertiréis en los hijos de un hombre, y cuando digáis: montaña, apártate, se apartará».

107   Jesús dijo: «El Reino es como un pastor que tenía cien ovejas. Una de ellas, la mayor, se extravió. Él dejó a

---

serve parte de historicidad en la formulación del desapego de Jesús hacia su madre. Dado que la mariología comenzó a desarrollarse en Asia Menor, y que este es seguramente el contexto en que se escribió el Evangelio, podríamos ver aquí uno de los motivos de fricción entre los gnósticos y la Iglesia más ortodoxa.

[70] Esta referencia a la vigilancia cuenta con paralelos en los sinópticos, como hemos señalado anteriormente, pero en este caso podría ser un ataque indirecto contra los que, supuestamente, se habían apoderado del control de la Iglesia sustentando doctrinas antignósticas.

[71] El pasaje, que resulta un tanto oscuro, muy posiblemente registra una referencia a la controversia judeocristiana sobre la irregularidad del nacimiento de Jesús. Desde muy antiguo Jesús se vio acusado calumniosamente de ser hijo de una relación adulterina, ecos de lo cual pueden encontrarse en Juan 8, 41. Dado que algunos restos de este enfrentamiento se hallan en el Talmud, quizá aquí se recoge, poniéndolo en boca de Jesús, un intento de responder a tal calumnia. Para un estudio más a fondo sobre el tema, véase César Vidal, «La figura de María en la literatura apócrifa judeocristiana de los dos primeros siglos», en *Ephemerides Mariologicae*, vol. XLI, 1991, pp. 191-205.

las noventa y nueve y buscó a la una hasta que la encontró. Cuando terminó le dijo a la oveja: "Me preocupas más que las noventa y nueve"» [72].

108 Jesús dijo: «El que beba de mi boca llegará a ser como yo. Yo mismo llegaré a ser él y las cosas que están ocultas le serán reveladas».

109 Jesús dijo: «El Reino es como un hombre que tenía un tesoro (escondido) en su campo sin saberlo. Y (después que) murió, se lo dejó a su hijo. El hijo no sabía (nada del tesoro). Heredó 51 el campo y (lo) vendió. Y el que lo compró se puso a arar y encontró el tesoro. Empezó a prestar dinero a interés al que quiso» [73].

110 Jesús dijo: «Cualquiera que encuentre el mundo y se hace rico, que renuncie al mundo».

111 Jesús dijo: «Los cielos y la tierra se enrollarán ante vuestra presencia. Y aquel que viva por el Viviente no verá la muerte». ¿No dijo Jesús: «Cualquiera que se encuentra a sí mismo es superior al mundo»?

112 Jesús dijo: «Ay de la carne que depende del alma; ay del alma que depende de la carne».

113 Sus discípulos le dijeron: «¿Cuándo vendrá el Reino?».

(Jesús dijo) «No vendrá por esperarlo, no será cosa de decir aquí está o allí está. Por el contrario, el Reino del Padre está esparcido por la tierra y los hombres no lo ven» [74].

114 Simón Pedro les dijo: «Que María nos deje porque las mujeres no son dignas de la Vida».

---

[72] Una versión más simplificada de esta parábola se encuentra en Lucas 15, 1-7.

[73] La parábola, en una versión más sencilla, aparece en Mateo 13, 44 y ss., aunque esta pudiera ser una combinación independiente.

[74] El pasaje figura en forma diferente en los apocalipsis sinópticos (véase Mateo 24, 26).

Jesús dijo: «Yo mismo la guiaré para convertirla en varón de manera que ella también se convierta en un espíritu viviente semejante a vosotros los varones. Porque toda mujer que se haga a sí misma varón entrará en el Reino de los Cielos» [75].

---

[75] El texto no tiene paralelos directos en el Nuevo Testamento. Puede indicar una aportación claramente gnóstica o bien ser un resquicio del papel igualitario que se otorgó a la mujer en la primera Iglesia (véase Gálatas 3, 28), y que perdió ya a finales del siglo I. Este papel, más o menos igual al del varón, fue mantenido en algunos círculos gnósticos.

EVANGELIO
DE LOS EGIPCIOS

Introducción

E STE Evangelio aparece en dos versiones en los manuscritos de Nag Hammadi, y no resulta claro si es el Evangelio de los Egipcios que citan algunos Padres de la Iglesia. Sin lugar a dudas, se trata de un tratado teológico, bastante completo, perteneciente al círculo gnóstico de los sethitas en su fase de identificación con el cristianismo previa a la exclusión del seno de la Iglesia principal y la conexión con los neoplatónicos.

Aparte de un tratamiento amplio de la temática gnóstica (cosmogonía, caída, redención, consumación), contiene diversas fórmulas mágicas de preservación contra los poderes negativos, de las cuales alguna es precristiana y otras suponen la adaptación al cristianismo de ritos posiblemente pertenecientes al siglo i a. de C. Se percibe en la obra una tendencia considerable a la confrontación con el judaísmo, prefiriendo una interpretación alegórica del Antiguo Testamento y profundizando en precedentes filonianos.

La fecha de redacción hay que situarla presumiblemente a finales del siglo ii d. de C. Para esta traducción nos hemos basado fundamentalmente en el texto del Códex III, con algunas aportaciones del Códex IV para las páginas perdidas 45-48 y algunos pasajes corruptos del Códex III.

EL (Santo) libro (de los egipcios) acerca del gran e invisible Padre cuyo nombre no puede ser pronunciado [1], el cual vino de las alturas de luz de la luz de los (eones de luz), la luz de la providencia y el padre del silencio, la luz de la palabra y de la verdad, la luz 41 infinita luz, radiación de los eones de luz, del imposible de revelar, inmarcado, sin edad, imposible de proclamar Padre, el eón de los eones, el que se creó a sí mismo, autoengendrado, autoproductor, ajeno, el realmente verdadero eón.

Tres poderes vinieron de él; son el Padre, la Madre y el Hijo [2]. Del silencio vivo que vino del Padre incorruptible. Estos vinieron del silencio del Padre desconocido.

De ese lugar Domedon Doxomedon vino (el eón de) los eones y la (Luz de) cada uno de los poderes. Así el Hijo vino el cuarto, la Madre la quinta, el Padre el sexto. Fue [...] pero nadie lo anunció; (es él el que permaneció sin marca entre todos los [poderes] las glorias y las incorrupciones).

Desde ese lugar vinieron los tres poderes, 42 y los tres poderes que el Padre engendra en silencio con su providencia, de su seno, es decir, el Padre, la Madre y el Hijo.

---

[1] Una referencia al valor del nombre que emana del desarrollo intertestamentario del judaísmo. Restos de esta circunstancia se encuentran en el Nuevo Testamento (véase Filipenses 2, 5 y ss.)

[2] Una de las tríadas sethitas.

El primer poder a causa del cual el hijo tres veces masculino vino, que es el pensamiento, y la palabra y la incorrupción y la vida eterna, la voluntad, la mente y el conocimiento previo, el Padre andrógino. El segundo poder la Madre, la virginal Barbelon epititiog [...] hay, mememeaimen [... la cual] preside el cielo, karb [...] el poder que no se puede interpretar, la madre inefable. (Ella se originó) de sí misma [...]; ella vino; ella estuvo de acuerdo con el Padre del silencio silencioso.

El tercer poder el Hijo del silencio silencioso, y la corona del silencio silencioso, y la gloria del Padre, y la virtud de la 43 Madre. Él engendra del seno los siete poderes de la gran luz de las siete voces, y la palabra es su terminación.

Estos son los tres poderes, los tres que el Padre, a través de su providencia, engendró de su seno. Los engendró en ese lugar. Domedon Doxomedon vino, el eón de los eones, y el trono que es en él, y los poderes que lo rodean, y las glorias y las incorrupciones, el Padre de la gran luz que vino del silencio, es el gran Doxomedon-eón en el cual descansa el hijo tres veces masculino. Y el trono de su gloria fue establecido en este sobre el cual se ha inscrito el nombre que no se puede revelar, en la tablilla [...] una es la palabra, el (Padre de la luz) de todo, el que vino del silencio, mientras descansa el silencio. Aquel cuyo 44 nombre (está) en un (invisible) símbolo. Un misterio escondido, (invisible) vino iiiiiiiiiiiiiiiiiiiiiiieeeee-eeeeeeeeeeeeeeeeeoooooooooooooooooooooooouuuuuuu-uuuuuuuuuuuuuuuuueeeeeeeeeeeeeeeeeeeeeeaaaaaaaaaaaa-aaaaaaaaaaaooooooooooooooooooooooo [3].

Y de esta manera los tres poderes dieron alabanza al gran, invisible, innombrable, virginal, imposible de llamar, espíritu, y a su virgen masculina. Pidieron poder. Un silencio de silen-

---

[3] Este es un ejemplo de fórmula mágica quizá transmitida en una sesión en la que se produjo un fenómeno de glosolalia. Tal comportamiento parece que fue parte determinante del rechazo que acabaron formulando Plotino o Porfirio contra los sethitas.

cio vivo vino, es decir (las glorias) y las incorrupciones en los eones (... eones) miríadas añadidas (sobre..., los) tres machos, la descendencia triplemente masculina, las razas masculinas, las glorias del gran Cristo y la descendencia masculina, las razas llenaron al gran Doxomedon-eón con el poder de la palabra de todo el pleroma.

Entonces el hijo tres veces masculino del gran Cristo al cual espíritu invisible había ungido —aquel cuyo poder fue llamado Enón— dio alabanza al grande e invisible espíritu, y su virgen masculina Yoel y el silencio del silencio silencioso y la grandeza 55 [...] inefable [...] inefable [...] imposible de responder y de interpretar, el primero que había venido, y al que no se puede proclamar, [...] 56 que es maravilloso [...] inefable [...] aquel que tiene toda la grandeza de la grandeza del silencio del silencio en ese lugar. El hijo tres veces masculino dio alabanza y pidió un poder al espíritu grande, invisible y virginal.

Entonces allí apareció en ese lugar [...] quién (... quién) ve (glorias...) tesoros en un (... invisibles) misterios [...] del silencio que es la virgen masculina Yoel. Entonces el hijo del hijo Esefeg apareció.

Y así fue completado, el Padre, la Madre, el Hijo, los cinco sellos [4], el poder inconquistable que es el gran Cristo de todos los incorruptibles 57. [...] Santo [...] el fin, el incorruptible [...] y [...] son poderes (y glorias y) incorrupciones [...] vinieron [...] este dio alabanza al misterio que no se puede revelar y que está escondido, al escondido en los eones [...] tronos [...] y todos [...] miríadas de poderes sin nombre se rindieron ante él, 58 glorias e incorrupciones [...] y ellos (... de) el Pa-

---

[4] Nos encontramos aquí con una de las enumeraciones teológicas de los sethitas. La trinidad Padre, Hijo y Espíritu Santo sustituye a este último por la Madre. La razón es doble. Por un lado, el gnosticismo más antiguo hablaba de una madre primigenia y divina que descendía al mundo varias veces a fin de redimirlo. La segunda es que «Espíritu» en hebreo es *ruah*, que tiene género femenino. La asociación, por lo tanto, era casi inevitable al producirse un sincretismo entre elementos gnósticos antiguos y cristianos.

dre y de la Madre, y del Hijo y de todo el pleroma que mencioné antes y los cinco sellos y el misterio de los misterios, aparecieron (... quién) preside sobre... los eones de... realmente verdaderamente [...] y los [...] eternos [...] y los eones que verdaderamente y realmente son eternos.

Entonces la providencia vino del silencio y el silencio vivo del espíritu y la palabra del Padre y una luz. Los cinco 59 sellos que el Padre engendró de su seno, y pasó a través de todos los eones que mencioné antes. Y estableció tronos de gloria y miríadas de ángeles sin número que los rodearon. Poderes y glorias incorruptibles que cantan y dan gloria, todos dando alabanza con una sola voz, con un solo propósito, con una voz que nunca se torna en silencio, al Padre, a la Madre y al Hijo, y todos los pleromas que mencioné antes que son el gran Cristo, que es del silencio, que es el incorruptible hijo Telmael Telmajael Majar Majar (Seth, el) poder que realmente vive, y la virgen masculina que está con él, Yoel y Esefeg, el detentador de la gloria, el Hijo del Hijo y la corona de su gloria [...] de los cinco sellos, el pleroma que yo mencioné antes.

60 La palabra viviente y autocreada que vino, el Dios verdadero, la naturaleza no nacida, aquel cuyo nombre yo diré, diciendo [...] aia [...] zaozosz [...], el cual es el hijo del gran Cristo, que es el hijo del inefable silencio, que vino del gran, invisible e incorruptible espíritu. El hijo del silencio y el silencio apareció (... invisible... hombre y los) tesoros de su gloria. Entonces apareció en el revelado [...]. Y estableció los cuatro eones. Con una palabra los estableció.

Dio alabanza al grande, invisible, virginal espíritu, (el silencio) del (Padre) en un silencio (del) silencio vivo (de silencio,) lugar donde el hombre descansa [...].

Entonces llegó III 49 a aquel lugar la nube de la gran luz, el poder vivo, la madre de los santos y los incorruptibles, el gran poder, el Mirozoe. Y dio a luz aquel cuyo nombre yo nombro diciendo ien ien ea ea ea, tres veces IV 61.

Por esto es una luz que irradia de la luz; es el ojo de la luz. Por esto es el primer hombre, III 49 a través del cual y hacia el cual todo va, y sin el cual nada llegó a ser. El imposible de conocer, el incomprensible Padre vino, descendió de arriba, para anular lo que era deficiente.

Entonces el gran Logos, el divino autocreador, y el hombre incorruptible Adamas [5] se mezclaron los unos con los otros. Un Logos [6] de hombre llegó a ser. Sin embargo, el hombre vino a ser a través de una palabra, dio alabanza, al grande, invisible, incomprensible, virginal espíritu y la virgen masculina, y el hijo tres veces masculino 50 y la virgen masculina Yoel, y Esefeg, el detentador de gloria, el hijo del hijo y la corona de su gloria, y el gran Doxomedon-eón y los tronos que están en él, y los poderes que lo rodean, las glorias y las incorrupciones, y todo su pleroma que yo mencioné antes, y la tierra etérea, la receptora de Dios, donde los santos de la gran luz reciben su aspecto, los hombres del Padre, del silencio silencioso y viviente, el Padre y todo su pleroma como yo mencioné antes.

El gran Logos, el divino autocreador, y el incorruptible hombre Adamas, dieron alabanza, y pidieron un poder y una fuerza eterna para el autocreador para que completara los cuatro eones, de manera que a través de ellos pudiera aparecer 51 [...] la gloria y el poder del Padre invisible de los santos de la gran luz que vendrán al mundo que es la imagen de la noche. El hombre incorruptible Adamas les pidió un hijo

---

[5] Resulta difícil saber con exactitud a qué grado de identificación se había llegado en este Evangelio entre Seth, Adán, el hombre primigenio y Jesús. Para algunos, Seth era el Logos preexistente que se encarnó en Jesús; para otros, Jesús era el hombre primigenio.

Ambas imágenes son utilizadas en el Nuevo Testamento, pero con un contenido radicalmente diferente. Así, en Juan 1, 1, se nos dice que el Logos que era Dios se encarnó en Jesús, mientras que en Romanos 5 se compara al primer hombre Adán con Cristo, el segundo Adán. Parece, pues, lógico que las imágenes se asociaran sincréticamente en el círculo sethita.

[6] No resulta claro cuál es la imagen del Logos que propugnaban los sethitas conectados con este Evangelio. Aquí parece haber reminiscencias literales de Juan 1, 1, pero en un contexto incompatible con el Evangelio canónico y más cercano a las especulaciones de Filón.

de sí mismo, para que el hijo pudiera convertirse en padre de la raza inconmovible e incorruptible, de manera que a través de la raza el silencio y la voz pudieran aparecer, y a través de ellos el eón muerto pudiera levantarse, y para que pudiera disolverse.

Y así vino, desde arriba, el poder de la gran luz, la Manifestación. Dio a luz a las cuatro grandes luces: Harmozel, Oroiael, Davize, Elelez y el gran e incorruptible Seth, el hijo del hombre incorruptible Adamas.

Y así la perfecta semana que existe en los misterios ocultos, llegó a ser completa. 52 Cuando recibe la gloria se convierte en 11 poderes.

Y el Padre, manifestó aprobación. Todo el pleroma de las luces se complació en ello. Sus consortes descendieron para completar el poder del divino autocreador: la gracia de la primera luz Harmozel, la percepción de la segunda luz Oroiael, la comprensión de la tercera luz Davize, la prudencia de la cuarta luz Elelez. Este es el primer poder del divino autocreador.

Y el Padre manifestó aprobación; todo el pleroma de las luces se complació mucho con ello. Los ministros vinieron: el primero, el gran Gamaliel de la primera gran luz Harmozel, y el gran Gabriel de la segunda gran luz Oroiael, y el gran Samlo de la gran luz Davize y el gran Abrasax de 53 (la gran luz) Elelez. Y los consortes de estos vinieron por la voluntad del buen placer del Padre. La memoria del grande, el primero, Gamaliel; el amor del grande, el segundo, Gabriel; la paz del tercero, Samlo; la vida eterna del grande, el cuarto, Abrasax. Así fueron los cinco poderes completados, un total de cuarenta, como un poder que no se puede interpretar.

Después el gran Logos, el autocreado, y la palabra del pleroma de las cuatro luces, dio alabanza al grande, invisible, innominable, virginal Espíritu, y a la virgen masculina, y el gran Doxomedon-eón, y los tronos que están en ellos, y los poderes que los rodean, glorias, autoridades, y los poderes, y el niño tres veces masculino, y la virgen masculina Yoel y Esefeg, 54 el sustentador de la gloria, el hijo del hijo y la corona de su gloria, el pleroma completo, y todas las glorias que están allí, los pleromas infinitos, y los eones innombrables, de manera que ellos pudieran nombrar al padre el cuarto con la raza incorruptible, y pudieran llamar a la semilla del Padre, la semilla del gran Seth. Entonces todo se sacudió, y el temblor se apoderó de los incorruptibles. Entonces los tres hijos varones salieron de arriba y descendieron abajo a los que no habían nacido, y aquellos que se han engendrado a sí mismos, y aquellos que fueron engendrados en lo que es engendrado. La grandeza vino, toda la grandeza del gran Cristo. Estableció tronos en gloria, miríadas sin número, en los cuatro eones alrededor de ellos, miríadas sin número, poderes y glorias 55 e incorrupciones. Y vinieron de esta manera.

Y la incorruptible, y espiritual iglesia aumentó en las cuatro luces del grande y viviente autocreado, el Dios de verdad, alabando, cantando, y dando gloria con una voz, con una voluntad, con una boca que no descansa, al padre, y a la madre, y al hijo, y a su pleroma completo, como ya mencioné antes. Los cinco sellos que poseen las miríadas, y aquellos que gobiernan sobre los eones, y aquellos que dan la gloria de los que rigen recibieron la orden de revelarse a aquellos que son dignos. Amén.

Entonces el gran Seth [7], el hijo del incorruptible hombre Adamas dio alabanza al Espíritu, grande, invisible, innombrable, que no lleva nombre, virginal, y la virgen masculina y el hijo tres veces varón, y la virgen masculina Yoel, y Esefeg, el sustentador de gloria, y la corona de su gloria, el hijo del hijo, 56 y el gran Doxomedon eones, y el pleroma que yo he mencionado antes; y pidió su semilla.

---

[7] Seth era hijo de Adán, de acuerdo con los sethitas, a diferencia de Caín y Abel, que lo fueron de relaciones sexuales mantenidas por Eva y un poder diabólico. Posteriormente se identificó a Seth con Jesús y con el dios egipcio del mismo nombre de carácter demoníaco. Según algunas fuentes, Seth habría transmitido a su descendencia, de la que se habla en Génesis 6, una serie de enseñanzas esotéricas que habría recibido por testimonio directo de Adán. En otros autores la referencia a Adán resulta más debilitada.

Entonces descendió de aquel lugar el gran poder de la gran luz Plesizea, la madre de los ángeles, la madre de las luces, la madre gloriosa, la virgen de los cuatro pechos, llevando fruto de Gomorra como si fuera una corriente, y Sodoma, que es el fruto de la corriente de Gomorra, que está en ella. Y vino a través del gran Seth [8].

Entonces el gran Seth se regocijó por el don que le había concedido el hijo incorruptible. Retiró su semilla de aquella que tiene cuatro pechos, la virgen, y la colocó en aquel que está en el cuarto eón, y la tercera gran luz, Davize.

Después de cinco mil años la gran luz, Elelez habló: «Reinemos sobre el caos y el Hades» [9]. Y entonces apareció una nube 57 (cuyo nombre es) la corporal Sofía [...] miró sobre las partes (del caos), siendo su rostro como [...] su forma [...] sangre. Y el gran ángel Gamaliel habló (al gran Gabriel), el ministro de (la gran luz) Oroiael (le dijo, «que un) ángel venga (para) reinar sobre el caos (y el Hades)». Entonces la nube, que era agradable, descendió como dos mónadas, cada una de las cuales tenía luz (... el trono), que había colocado en la nube (de arriba, y entonces) Sakla el gran (ángel, vio) al gran demonio (que está con el Nebr) uel. Y se convirtieron (juntos en un) espíritu engendrador de la tierra. (Engendraron) ángeles ayudadores. Sakla (dijo) al gran (demonio Neb) ruel, «Que los doce eones existan en [...] eón, los mundos [...] el gran ángel Sakla dijo por la voluntad del autocreado, 58 «Que existan [...] en el número de siete [...]» y dijo a los (grandes ángeles): «Id y que cada uno de vosotros gobierne su (mundo)». Cada uno (de estos) doce (ángeles) marchó. (El primer) ángel es Az (oz, este es aquel) al que (las grandes)

---

[8] Sodoma y Gomorra eran dos ciudades situadas a orillas del mar Muerto que, de acuerdo con el relato de Génesis 19, fueron destruidas por Dios. La Biblia utiliza ambos nombres como sinónimo de entidades espirituales corrompidas (verbigracia, Jeremías 23, 14; Ezequiel 16, 48-50; Oseas 11, 8; 2 Pedro 2, 6-8; Judas 7).

[9] El fragmento siguiente de este Evangelio constituye una de las cosmogonías gnósticas sethitas más completas.

generaciones de hombres llaman (... El) segundo es Harmas, el cual es (el ojo del fuego). El tercero (es Galila. El) cuarto es Yobel. (El quinto es) Adonaios, que es llamado Sabaoz. El sexto (es Caín, al que) las (grandes generaciones de) hombres llaman el sol. El (séptimo es Abel); el octavo es Akiressina; el (noveno es Yubel). El décimo Harmu (piael. El) undécimo es Arj (ir Adonín). El undécimo (es Relias. Estos son) aquellos que gobiernan sobre el Hades (y el caos).

Y después de la fundación (del mundo) Sakla dijo a sus (ángeles): «Yo, yo soy un Dios (celoso) [10], y aparte de mí nada ha (llegado a ser», puesto que él) 59 confiaba en su naturaleza. Entonces una voz descendió desde lo alto diciendo: «El hombre existe y el Hijo del Hombre». A causa del descenso de la imagen superior, que es como su voz en la altura de la imagen que ha mirado, a través de la mirada de la imagen superior, la primera criatura, fue formada.

Por esto llegó a existir la Metanoia [11] (arrepentimiento). Esta recibió su creación y su poder por la voluntad del Padre y su aprobación con la que él aprobó a la grande, incorruptible, e inconmovible raza de los hombres grandes y poderosos del gran Seth, de manera que pudiera sembrarla en los eones que habían sido creados, de manera, que a través de ella, (la Metanoia) la deficiencia pudiera ser compensada. Porque por aquello había descendido desde arriba hasta el mundo inferior que es la imagen de la noche. Cuando llegó, oró por (el arrepentimiento de) tanto la semilla del gobernante de este

---

[10] Nos encontramos aquí con una de las aportaciones típicas del gnosticismo sethita en confrontación directa con el Antiguo Testamento. De acuerdo con los sethitas, el mundo actual, imperfecto y malo, no pudo ser creado por el Absoluto bueno, sino por un dios malo, Sakla, al que se identifica con el Dios del Antiguo Testamento y al que se atribuye aquí una de las citas de Isaías 45, 7.

[11] Se trata de una personificación del arrepentimiento, denominado *metanoia* en el Nuevo Testamento. Sin embargo, el contenido del término es distinto, y aquí apuntaría a la posibilidad de remontar el estado caído del mundo.

mundo y las autoridades que habían descendido de él, como por la (semilla) contaminada del Dios engendrador de demonios que será destruida, y la semilla 60 de Adán y del gran Seth, que es como el sol.

Entonces el gran ángel Hormos vino a preparar, a través de las vírgenes de la siembra corrupta de este eón, en un vaso santo engendrado por el Logos, por medio del Espíritu Santo, la descendencia del gran Seth, entonces el gran Seth vino a traer su descendencia. Fue sembrada en los eones que habían sido creados, siendo su número, el conjunto de Sodoma. Algunos dicen que Sodoma es el lugar de pasto del gran Seth, que es Gomorra. Pero otros dicen que el gran Seth sacó su planta de Gomorra y la plantó en el segundo lugar, al cual dio el nombre de Sodoma.

Esta es la raza que vino a través de Edokla. Porque esta dio a luz a través de la palabra para la Verdad y la Justicia, al origen de la semilla de la vida eterna que está con aquellos que perseveran a causa del conocimiento de su emanación. Esta es la raza grande e incorruptible que ha venido a través de tres 61 mundos al mundo.

Y el Diluvio vino como un ejemplo para la consumación del eón. Pero será enviado al mundo a causa de esta raza. Una conflagración vendrá sobre la tierra. Y la gracia estará con aquellos que pertenezcan a la raza por los profetas y los guardianes que guardan la vida de la raza. A causa de esta raza sucederán las hambres y las plagas, pero estas cosas sucederán a causa de la raza grande e incorruptible. A causa de esta raza, vendrán las tentaciones, un grupo falso de falsos profetas.

Entonces el gran Seth vio la actividad del diablo, y sus muchas artimañas, y sus maquinaciones que vendrían sobre su raza incorruptible e inconmovible, y la persecución de sus poderes y sus ángeles, y su error, puesto que actuaron contra sí mismos.

Entonces el gran Seth dio alabanza al espíritu virginal, grande e innombrable, y a la virgen masculina 62 Barbelon, y al hijo tres veces masculino Telmael Telmael Helí Helí Majar

Majar Seth, el poder que vive de una manera real y verdadera, y la virgen masculina Yoel, y Esefeg, el sustentador de gloria, y la corona de su gloria, y el gran Doxomedon-eón, y los tronos que están en él, y todo el poder que lo rodea, y todo el pleroma como ya mencioné antes. Y pidió que se le concedieran guardas que se ocuparan de su semilla.

Entonces vinieron de los grandes eones 400 ángeles etéreos, acompañados por el gran Aerosiel y el gran Selmejel, para guardar a la raza grande e incorruptible, su fruto, y a los grandes hombres del gran Seth, desde el tiempo y el momento de la Verdad y la Justicia hasta la consumación del eón y sus gobernantes, aquellos a los que los grandes jueces han condenado a muerte.

Entonces el gran Seth fue enviado por las cuatro luces, por la voluntad del autocreado 63 y todo el pleroma, por el don y para placer del Espíritu grande e invisible, y de los cinco sellos y de todo el pleroma.

Pasó a través de tres parusías [12] que mencioné antes: el Diluvio, la conflagración, y el juicio de los gobernantes y los poderes y las autoridades, para salvar a su raza, que se había desviado, por la reconciliación del mundo, y el bautismo a través de un cuerpo engendrado por el Logos, que el gran Seth había preparado para sí mismo secretamente a través de la virgen, para que los santos pudieran ser engendrados por el Espíritu Santo, a través de símbolos secretos e invisibles, a través de una reconciliación del mundo con el mundo, a través de la renunciación del mundo y el Dios de los trece eones, y a través de la convocación de los santos, y de los inefables, y del seno incorruptible, y a través de la gran luz del Padre que existió previamente con su Providencia, y estableció a través de ella el Santo Bautismo que sobrepasa el cielo, a través del incorruptible, 64 el engendrado por el Logos, es decir, Jesús

---

[12] Nos encontramos con los tres «avatares» de Seth. Dado que tanto el diluvio (Génesis 6-9) como la derrota de los poderes por Jesús aparecen en el cristianismo, no resultó difícil efectuar un sincretismo doctrinal con este.

el viviente, aquel del que el gran Seth se ha vestido. Y a través de él clavó los poderes de los trece eones, y estableció aquellos que triunfan y los que son apartados. Los armó con una armadura de conocimiento de esa verdad, con un poder inconquistable de incorruptibilidad.

Allí se les apareció el gran asistente Yesseus Mazareus Yesserekeus [13], el agua viva, y los grandes guías, Santiago el grande [14] y el enviado por Dios, e Isauel, y aquellos que presiden la comente de la verdad, Mijeo y Mijar y Mnesinus y aquel que preside el bautismo de los vivos, y los purificadores y Sesengenfaranges, y aquellos que presiden las puertas de las aguas, Mijeo y Mijar y aquellos que presiden la montaña Seldao y Elainos, y los receptores de la gran raza, los incorruptibles, los hombres poderosos del gran Seth, los ministros de las cuatro luces, el gran Gamaliel, el gran Gabriel, el gran Samlo, y el gran 65 Abrasax, y aquellos que gobiernan el sol, y su salida, Olses e Hypneo, y Heurumaio y aquellos que controlan la entrada del descanso de la vida eterna, los gobernantes Mixanzer y Mijano, y aquellos que guardan las almas de los elegidos Akramas y Strempsujos y el gran poder Helí Helí Majar Majar Seth, y el espíritu grande, invisible, innombrable, que no puede tener nombre, virginal, y el silencio y la gran luz Harmozel, el lugar del autocreado viviente, el Dios de la verdad, y aquel que está con él, el hombre incorruptible, Adamas, el segundo, Oroiael, el lugar del gran Seth, y Jesús, que posee la vida, que vino y crucificó aquello que está en la ley, el tercero Davize el lugar de los hijos del gran Seth, el cuarto Elelez, el lugar donde las almas de los hijos están descansando, el quinto, Yoel, que gobierna el nombre de aquel al que será concedido bautizar con el Santo Bautismo que sobrepasa los cielos, el incorruptible.

---

[13] Se trata de una fórmula de denominación de Jesús cargada de connotaciones mágicas y pronunciada, presumiblemente, con ocasión del bautismo sethita.

[14] Posiblemente es una referencia a Santiago, el hermano de Jesús, una de las columnas de la Iglesia en Jerusalén según Gálatas 1, 19, y 2, 9.

Pero desde ahora en adelante 66 por el hombre incorruptible Poimael y aquellos que son dignos de la invocación, las renunciaciones de los cinco sellos en la corriente del bautismo, estos conocerán a sus receptores cuando sean instruidos sobre ellos, y los conocerán. Estos de ninguna manera gustarán la muerte. Ie ieus eo ou eo oua.

Es cierto y verdadero oh Jeseus Mazareus Jesedekeus, oh agua viva, oh hijo del hijo, oh nombre glorioso real y verdadero, eón o on iiii eeee eeee oo oo uu uu oo oo aa aa, es real y verdadero, ei aa aa oo oo, o existente que ve los eones. Real y verdaderamente, aee eee iiii uuuuuu ooooooo, el que es eternamente eterno, real y verdadero, iea aio, en el corazón existe, u aei eis aei, ei o ei, ei os ei [15]. Este gran nombre tuyo, está sobre mí [16], oh perfecto autoengendrado, que no estás fuera de mí. Te veo, a ti que eres invisible para todos. ¿Porque quién será capaz de comprenderte en otra lengua? Ahora 67 que te he conocido, me he mezclado a mí mismo con lo inmutable, me he armado con la armadura de la luz; he llegado a ser luz. Porque la Madre estaba en ese lugar a causa de la espléndida belleza de la gracia. Por lo tanto, he tendido mis manos aunque estaban cerradas. Fui formado en el círculo de las riquezas de la luz, que está en mi serio, que forma a los muchos engendrados en la luz a los que no llega ninguna queja. Yo declararé tu gloria verdaderamente, porque te he comprendido, su ies ide aeioo aeie ois, oh eón, eón, oh Dios de silencio, te honro por completo, tú eres mi lugar de descanso, oh hijo es es o e, aquel que no tiene forma y que existe en los que no tienen forma, que existe, alzando al hombre en el cual tú me purificarás para tu vida, según tu nombre que no puede perecer. Por lo tanto, el incienso de la vida está en mí. Yo lo mezclé en agua, según el modelo

---

[15] Se trata de una fórmula mágica, en este caso en conexión con el poder del nombre de Jesús.

[16] Las palabras indican la recepción que hace el que recita del poder unido al nombre que pronuncia.

de todos los gobernantes para poder vivir contigo en la paz de los santos, tú que existes real y verdaderamente 68 para siempre.

Este es el libro que el gran Seth [17] escribió y colocó en las grandes montañas sobre las que el sol no se ha alzado, y no es posible que lo haga. Y desde los días de los profetas, y los apóstoles, y los predicadores, el nombre no se ha alzado en absoluto sobre sus corazones, ni es posible que así suceda. Y su oído no lo ha oído. El gran Seth escribió este libro en letras en ciento treinta años. Lo colocó en la montaña que es llamada Jaraxio, de manera, que al final de los tiempos y las eras, por la voluntad del divino autocreado y de todo el pleroma, por el don del amor que no se puede describir, que no se puede pensar, que es paternal, pueda llegar y revelar a esta raza incorruptible y santa del gran Salvador, y a aquellos que moran con ellos en amor, y al grande, invisible y eterno Espíritu y a su único hijo engendrado, y a la luz eterna, 69 y a su consorte, el grande e incorruptible, y a la incorruptible Sofía, y a Barbelon y a todo el pleroma por la eternidad. Amén.

El Evangelio de los Egipcios. El libro secreto, santo y escrito por Dios. Gracia, entendimiento, percepción, prudencia sean con aquel que lo ha escrito, Eugnostos el amado en el espíritu-la carne mi nombre es Gongessos y las luces que son compañeras mías en la incorruptibilidad, Jesucristo, hijo de Dios, Salvador Ijzys [18]. Este es el santo libro del Espíritu grande e invisible escrito por Dios. Amén.

El Santo libro del Espíritu grande e invisible. Amén.

---

[17] El final del libro atribuye lógicamente el mismo a Seth, que presuntamente lo habría ocultado para que al final de los tiempos fuera descubierto por los elegidos.

[18] En griego «pez», anagrama de «Iesus Jristos Zeu Yios Soter» (Jesús Mesías de Dios Hijo Salvador).

EVANGELIO DE LA VERDAD

Introducción

⤴

EL Evangelio de la Verdad es una obra gnóstica escrita a mediados o finales del siglo II. Resulta difícil determinar la escuela a la que pertenece. Para algunos, se trata de una obra escrita por el maestro gnóstico Valentín al inicio de su carrera. Para otros, intentaría articular un sistema valentiniano pero no sería obra de este. No obstante, su relación con Valentín, así como su carácter esotérico, se han visto cuestionados en los últimos años.

Conoce su autor de manera concienzuda el Nuevo Testamento, pero las citas que hace del mismo están restringidas a Juan (un Evangelio que no fue gnóstico pero que resultaba muy susceptible de verse interpretado así) y al Apocalipsis (un escrito atribuido también al autor del Evangelio de Juan) principalmente. Mucho más reducidas son las referencias a Hebreos, una epístola cuyo autor no es conocido con certeza (se ha propuesto a Pablo de Tarso, Bernabé, Filón, etc.) y que contiene resonancias platónicas. Las partes de otros escritos del Nuevo Testamento son, a veces, conjeturales y muy limitadas en número. Ni siquiera en estos casos se refieren propiamente a temas filosóficos o teológicos, sino que más bien hablan del riesgo de que miembros de la comunidad abandonen esta.

La obra reviste una importancia excepcional porque pone de manifiesto que los gnósticos cristianos podían utilizar con habilidad y conocimiento el Nuevo Testamento en sus confrontaciones con los cristianos ortodoxos, e incluso reinterpretar sus temas principales con una creatividad notable. Por otro lado, al seleccionar sus fuentes tendían a construir un nexo de unión con filosofías en las que se daba una coincidencia parcial con sus postulados, en este caso fundamentalmente el platonismo.

Lógicamente, la temática gira en torno a un mundo caído pero que puede trascender de su situación gracias al conocimiento revelado por Cristo. Es esta gnosis (y no la fe en la cruz o las obras) la que proporciona la clave del cristianismo real y verdadero, así como de la esperanza para una humanidad sumida en la oscuridad y sojuzgada por poderes de maldad.

EL Evangelio de la Verdad es una alegría para aquellos que han recibido del Padre de verdad el don de conocerlo, a través del poder de la Palabra que vino del pleroma [1]. Aquel que está en el pensamiento y la mente del Padre, es decir, aquel al que se llama el Salvador, viniendo el nombre de la obra que Él va a realizar por la redención de aquellos que eran 17 ignorantes del Padre. El nombre del Evangelio proviene de la proclamación de la esperanza que es un descubrimiento para aquellos que buscan.

Ciertamente todos buscaban al único del que proceden y todos estaban en el interior de Él, el incomprensible, el inconcebible que está por encima de todo pensamiento. La ignorancia del Padre produjo angustia y terror. Y la angustia se hizo espesa como la niebla, de manera que nadie podía ver. Por esta razón el error llegó a ser poderoso; manejó los asuntos con necedad no habiendo conocido la verdad. Se dispuso a forjar una criatura empleando todo su poder, de la manera más hermosa, en crear el sustituto de la verdad.

---

[1] El término cuenta con diversos significados en el vocabulario cristiano primitivo. En las cartas indiscutiblemente paulinas (Romanos, 1 Corintios y Gálatas) su utilización es la normal en griego: «plenitud», «cumplimiento» o «abundancia». Por el contrario, en las epístolas de la cautividad (Efesios, Colosenses) tiene un sentido de «plenitud» relacionado con la esencia de la Divinidad, Divinidad que, por ejemplo, en Colosenses 1, 19, y 2, 9, habita en Jesús hombre.

Esto no resultó una humillación para él, el inaprehensible, el inconcebible porque no eran nada, la angustia y el olvido y la criatura de mentira, mientras que la verdad establecida es inmutable, imperturbable, perfecta en belleza. Por esta razón, despreciad el error.

Careciendo, por lo tanto, de raíz, cayó en una niebla en relación con el Padre, mientras estaba empeñado en preparar obras y olvidos y terrores para por medio de estos poder atar a aquellos del medio y capturarlos. El olvido de error no fue revelado. No es 18 [...] bajo el Padre. El olvido no llegó a existir bajo el Padre, aunque llegó a existir por su causa. Sino que lo que llega a existir en Él es el conocimiento, que apareció para que el olvido pueda desvanecerse y el Padre pueda ser conocido. De manera que el olvido llegó a existir porque el Padre no era conocido, de manera que si el Padre llega a ser conocido, el olvido no existirá a partir de entonces [2].

Este es el Evangelio del único que es buscado, que es buscado, que fue revelado a aquellos que son perfectos por las misericordias del Padre: el misterio escondido, Jesús, el Cristo. Con Él: iluminó a los que estaban en la oscuridad [3]. De fuera del olvido los iluminó, les mostró un camino. Y el camino es la verdad que Él les enseñó [4].

Por esta razón el error se encolerizó con Él, lo persiguió, se consternó por Él y fue llevado a la ira. Fue clavado a un madero; se convirtió en un fruto del conocimiento del Padre, que, no obstante, no se hizo destructivo, porque fue comido, y para aquellos que se lo comieron el descubrimiento fue motivo de alegría. Porque Él los descubrió en Sí mismos y ellos lo descubrieron en sí mismos, al incomprehensible, el incon-

---

[2] Todo el pasaje anterior tiene un paralelismo notable con el llamado prólogo del Evangelio joánico (Juan 1, 1-18). En este caso, no obstante, resulta clara una mayor elaboración de los temas.

[3] Existe un paralelismo de este tema en Juan 1, 9, y 3, 19-21.

[4] De nuevo nos encontramos ante un texto paralelo al de Juan 1, 17, si bien en el Evangelio canónico existe una contraposición manifiesta y polémica con el judaismo.

cebible, el Padre, el perfecto. Aquel que hizo todo, ya que todo está dentro de Él y todo lo necesita, puesto que Él retiene la perfección de todos dentro de sí mismo, perfección que no dio a todos. El Padre no tenía celos. ¿Qué celos podía haber entre Él y sus miembros? Porque si el eón [5] hubiera (recibido) así su (perfección) no podría haber venido [...] el Padre, puesto que Él retenía la perfección de ellos dentro de sí mismo, concediéndole a ellos por amor de sí mismo, y un conocimiento único en perfección. Él fue el que diseñó a todos y todos están dentro de Él y todos lo necesitan.

Como en el caso de uno al cual ignoran algunos, que desea que lo conozcan y lo amen así que (ya que todos necesitan el conocimiento concerniente al Padre) se convirtió en un guía, descansado y tranquilo. Fue a las escuelas y habló la palabra como un maestro. Acudieron hombres, que se consideraban a sí mismos sabios, poniéndole a prueba. Pero Él los confundió porque eran necios y ellos lo odiaron porque no eran realmente sabios [6].

Después de todas estas cosas también acudieron los niños, aquellos a los que pertenece el conocimiento del Padre [7]. Habiendo sido fortalecidos aprendieron las impresiones del Padre. Conocieron y fueron conocidos, fueron glorificados y glorificaron. En su corazón les fue revelado el libro viviente de los vivientes, el que fue escrito en el pensamiento y la mente 20 (del) Padre y el cual desde antes de la fundación de todo estaba en el interior de las (partes) incomprehensibles de

---

[5] En el Nuevo Testamento el término *eon* va asociado al significado de «era», pero también al de «sistema actual», es decir, la época en que vivimos momentáneamente y que un día pasará, cediendo su lugar al Reino de Dios. Ese es el significado que tiene aquí, acentuándose su valor peyorativo (verbigracia, Marcos 4, 10; Lucas 20, 34-35).

[6] Hay un paralelismo ideológico con Juan 3, 19-21.

[7] La imagen de «ser como niños» es claramente neotestamentaria, pero en este caso aparece como un requisito indispensable para recibir el conocimiento (gnosis). Sin esa predisposición sencilla del espíritu es imposible, según la visión de esta obra, acceder al conocimiento.

Él, es el libro del que nadie puede echar mano porque está reservado para aquel que lo tomará y será muerto. Nadie podría haber aparecido entre aquellos que creyeron en la salvación a menos que el libro hubiera intervenido. Por esta razón, el misericordioso, el fiel, Jesús, fue paciente al aceptar los sufrimientos hasta que tomó aquel libro, puesto que sabe que su muerte es vida para muchos [8].

Igual que permanece oculta en un testamento hasta que se abre la fortuna del fallecido dueño de la casa, así sucede con todo lo que permanece oculto mientras el Padre de todo fue invisible, aquel que procede de sí mismo y del que proceden todos los espacios. Por esta razón apareció Jesús; se vistió de ese libro; fue clavado a un madero; publicó el edicto del Padre en la cruz [9]. ¡Oh, qué enseñanza más grande! Asciende hasta la muerte aunque la vida eterna lo viste. Habiéndose despojado de los harapos perecederos, se vistió de una forma imperecedera que nadie pueda arrebatarle. Habiendo entrado en los espacios vacíos de los terrores, pasó a través de aquellos que habían sido desnudados por el olvido, siendo conocimiento y perfección, proclamando las cosas que están en el corazón 21 de el (Padre) para [...] enseñar a aquellos que recibirán la enseñanza.

Aquellos que han de recibir la enseñanza (son) los vivos que están inscritos en el libro de los vivos [10]. Reciben enseñanza acerca de sí mismos. La reciben del Padre volviéndose a Él otra vez. Puesto que la perfección de todos está en el Pa-

---

[8] Se trata de un eco del libro sellado del que se habla en el capítulo 5 del Apocalipsis.

[9] Efesios 2, 14 y ss., desarrolla un tema similar, pero en este caso no existe una vinculación tan radical con el tema de la expiación lograda por la muerte de Jesús en la cruz y, además, se produce una vinculación muy evidente en relación con la adquisición de la gnosis.

[10] El libro al que se hace referencia combina el relato de Apocalipsis 5 que ya hemos señalado antes con el de Apocalipsis 20, 12 y ss. Resulta una evidente confusión, pero, a la vez, facilita la necesidad de comprensión que tiene el autor.

dre, es necesario para todos ascender a Él. Entonces, si alguno tiene conocimiento, recibe lo que es suyo y los arrastra hacia sí mismo. Porque el que es ignorante padece necesidad, y aquello de lo que carece es grande, porque carece de lo que le hará perfecto. Puesto que la perfección de todos está en el Padre y es necesario para todos ascender a Él y para todos recibir lo que es suyo, Él los alistó con antelación habiéndolos preparado para hacer entrega a aquellos que procedieran de Él.

Aquellos cuyo nombre Él conocía con anticipación [11] fueron finalmente llamados, de manera que aquel que tiene conocimiento es el único cuyo nombre el Padre ha dicho. Porque aquel cuyo nombre no ha sido pronunciado es ignorante. Ciertamente, ¿cómo escuchará uno si su nombre no ha sido pronunciado? Porque aquel que es ignorante hasta el fin es una criatura del olvido y se desvanecerá al mismo tiempo. De no ser así, ¿cómo es que estos miserables no tienen 22 nombre?, ¿cómo es que no tienen la llamada? Por lo tanto, si alguien tiene conocimiento, es de arriba [12]. Si es llamado, escucha, responde y se vuelve hacia el que lo llama y asciende a Él. Y sabe de qué manera es llamado. Teniendo conocimiento hace la voluntad del que lo llamó, desea ser complaciente para con Él, recibe descanso.

El nombre de todos llega a él. Aquel que tiene conocimiento de este asunto sabe de dónde viene y adónde va [13]. Lo sabe igual que aquella persona que habiéndose emborrachado se ha apartado de su borrachera, y habiendo vuelto en sí ha

---

[11] Nos encontramos ante un apoyo de la tesis predestinacionista que ya aparece en los Documentos del mar Muerto de la secta de Qumran. De manera más suavizada aparece también esta línea de pensamiento en Pablo de Tarso (por ejemplo, Romanos 8, 26 y ss.; Efesios 1, 3 y ss., etc.).

[12] El tema de la sabiduría o conocimiento «de arriba» en contraposición al de «abajo» aparece asimismo tratado en el Nuevo Testamento (por ejemplo, 1 Corintios 1-4; Santiago 3, 17, etc.).

[13] El mismo tema del hombre carente de conocimiento que es llevado de un lado para otro por las circunstancias se encuentra en la Epístola neotestamentaria de Santiago, capítulo 1, versículos 6 a 8.

arreglado sus cosas. Ha apartado a muchos del error. Ha marchado antes por sus caminos, de forma que se han apartado cuando han recibido error, procedente de la profundidad de aquel que rodea todos los espacios mientras que nadie le rodea a Él. Fue una gran maravilla que ellos estuvieran en el Padre, sin conocerlo, y que vinieran por sí mismos, puesto que eran incapaces de aprender o conocer a aquel en quien estaban. Si su voluntad no hubiera brotado de Él, porque Él la reveló en razón de un conocimiento en el cual concurren todas las emanaciones. Este es el conocimiento del libro vivo que reveló a los eones 23 hasta la última letra, revelando como no son vocales ni consonantes para que alguien pueda leerlas y pensar alguna estupidez, sino que son letras de verdad que solo hablan al que las conoce. Cada letra es un pensamiento completo, como un libro completo, puesto que son letras escritas por la Unidad, habiéndolas escrito el Padre por los eones para que por medio de sus letras [14] conocieran al Padre. Su sabiduría contempla la Palabra, su enseñanza la dice [15]. Su conocimiento la ha revelado. Su paciencia es una corona sobre ella, su gentileza está en armonía con ella, su gloria la ha exaltado, su imagen la ha revelado, su reposo la ha recibido en sí misma, su amor ha formado un cuerpo sobre ella. Su fidelidad la ha abrazado. De esta manera la Palabra del Padre entra en todo como el fruto 24 (de) su corazón y una impresión de su voluntad. Pero sustenta todo [16], escoge y recibe también la impresión de todo purificándolo y devolviéndolo al Padre, a la Madre, Jesús infinidad de bondad.

---

[14] Posiblemente nos encontramos ante un ejemplo de guematría. Es decir, cada palabra tiene un contenido numérico en cada letra que, en conjunto, expresa un significado esotérico. El caso más evidente en la Biblia de esta utilización de las letras se encuentra en Apocalipsis 13, 18, al describir al Anticristo con la cifra de 666 o, según manuscritos más seguros, de 616.

[15] Posiblemente un paralelo al tema de Juan 1, 1, en que se denomina al Cristo preexistente la Palabra.

[16] Existen antecedentes de esta tesis en Hebreos 1, 3, y otros pasajes del Nuevo Testamento.

El Padre revela su seno, ahora su seno es el Espíritu Santo [17]. Revela lo que está escondido de Él, lo que está escondido de Él es su Hijo, de manera que por las gracias del Padre los eones puedan conocerlo y dejen de trabajar en busca del Padre descansando en Él sabiendo que eso es el descanso [18]. Habiendo cubierto lo deficiente abolió la forma, la forma es el mundo en el que sirvió. Porque en el lugar donde hay envidia y contienda hay deficiencia, pero en el lugar donde está la Unidad hay perfección. Puesto que lo deficiente llegó a existir porque el Padre no era conocido, por eso cuando el Padre es conocido, desde ese momento ya no existe lo deficiente. Al igual que sucede con la ignorancia de una persona, que cuando adquiere conocimiento su ignorancia se desvanece por sí misma, al igual que sucede con la oscuridad cuando aparece la luz, 25 de la misma manera también lo deficiente se desvanece en la perfección. Desde ese momento en adelante la forma no es aparente sino que se desvanecerá en la fusión de la Unidad, porque ahora sus obras están desparramadas. A su tiempo, la Unidad perfeccionará los espacios. Dentro de la Unidad cada uno llegará a sí mismo; dentro del conocimiento [19] se purificará a sí mismo de la multiplicidad para entrar en la Unidad consumiendo la materia que hay en su interior como fuego, y (consumiendo) la oscuridad con la luz y la muerte con la vida.

Si realmente nos han sucedido estas cosas a todos nosotros, tenemos que procurar, sobre todas las cosas, que la casa

---

[17] De nuevo nos hallarnos ante un paralelo del prólogo del Evangelio de Juan (capítulo 1, versículos 1 a 18). Resulta evidente el servilismo (o la utilización) que la literatura gnóstica siente hacia Juan en detrimento de los otros evangelios del Nuevo Testamento.

[18] El tema del «descanso» como meta de la humanidad ha sido tomado de la teología bíblica. Para un ejemplo de cómo esta aborda tal tópico puede leerse la Epístola a los Hebreos, capítulos 3 y 4.

[19] Nos hallamos ante una de las aproximaciones al tema de la gnosis que contradicen el punto de vista del cristianismo ortodoxo. Una postura contraria la tendríamos en Pablo (por ejemplo, 1 Corintios 8, 1).

sea santa y esté en silencio para la Unidad. (Sucede lo mismo) que en el caso de algunas personas que salieron de moradas donde había cacharros en lugares que no eran buenos. Los rompieron y el dueño de la casa no lamenta la pérdida. Por el contrario, se alegra porque en lugar de los cacharros malos hay multitud de cacharros que son perfeccionados. Porque así es el juicio que ha venido de 26 arriba. Se ha juzgado a todos; es una espada desenvainada, de dos filos, cortante por ambos lados. Cuando la Palabra vino, aquel que está dentro del corazón de aquellos que la pronuncian no es solo un sonido, sino que se convirtió en un cuerpo, una gran turbación se produjo entre los cacharros porque algunos habían sido vaciados, otros llenados; es decir, algunos habían recibido contenido, otros habían sido vaciados, algunos habían sido purificados y otros quebrados. Todos los lugares fueron conmovidos y turbados porque no tenían ni orden ni estabilidad. El error se encontró perturbado sin saber qué hacer; estaba apenado, lamentándose, afligiéndose porque no sabía nada. Cuando el conocimiento se le acercó, esto significa la caída del error y de todas sus emanaciones, el error quedó vacío sin tener nada dentro.

La verdad vino; todas sus emanaciones la conocieron. Saludaron al Padre en verdad con su poder perfecto que los une con el Padre. Porque todos aman la verdad, porque la verdad es la boca del Padre; su lengua es el Espíritu Santo. El que se une 27 a la verdad es unido a la boca del Padre por su lengua siempre que recibe el Espíritu Santo. Esta es la manifestación del Padre y su revelación a sus eones 20: manifestó lo que de sí mismo estaba escondido; lo explicó. Porque ¿quién puede contener en su interior sino solo el Padre? Todos los espacios son emanaciones suyas. Han sabido que proceden de Él como los niños (proceden) de un hombre adulto. Sabían que todavía no habían recibido forma ni nombre aquellos a los que el

---

20 Referencias a esta revelación especial se encuentran en el Nuevo Testamento pero limitadas al Evangelio de Juan (por ejemplo, 16, 5 y ss., etc.).

Padre señala. Después, cuando reciben forma por el conocimiento de Él, aunque en verdad está dentro de Él, no lo conocen. Pero el Padre es perfecto conociendo cada espacio dentro de Él. Si lo desea, se manifiesta a quien quiere dándole forma y dándole nombre, y le da un nombre y lo reúne con los que han llegado a existir, los cuales antes de existir ignoran al que los formó.

No digo que no sean nada los que aún no han llegado a existir, sino que están 28 en Él quienes querrán llegar a existir cuando Él quiera, en el tiempo venidero. Antes de que todo aparezca, Él sabe lo que producirá. Pero el fruto que aún no se ha manifestado no sabe nada ni hace nada. De la misma manera también, todo espacio que es él mismo en el Padre procede de aquel que existe, que lo formó de lo que no existe. Porque el que no tiene raíz tampoco tiene fruto, sino que piensa para sí: «He venido a existir», sin embargo perecerá. Por esta razón, el que no existió en absoluto nunca llegará a existir. ¿Entonces qué quiso pensar de sí mismo? Esto: «Yo he llegado a ser como las sombras y los fantasmas de la noche». Cuando la luz brilla sobre el terror que esa persona había experimentado, sabe que no es nada.

Así que ignoraban al Padre, que es aquel 29 al que no vieron. Por lo tanto, hubo terror y turbación e inestabilidad y duda y división, hubo muchas ilusiones operando y hubo ficciones vacías como si se hubieran hundido en el sueño y se encontraran con pesadillas turbadoras. O hay lugar al que huyen o sin fuerza vienen de haber perseguido a otros, o están involucrados en golpes, o ellos mismos están recibiendo golpes, o han caído desde lugares altos, o se han lanzado al aire aunque ni siquiera tienen alas.

En ocasiones es como si la gente los estuviera asesinando, aunque ni siquiera uno los persigue, o ellos mismos están matando a sus prójimos porque han sido manchados con su sangre. Cuando los que pasan por todas estas cosas despiertan, no ven nada (aunque estuvieran en medio de todas estas turbaciones), porque no son nada. Tal es el camino de aquellos que han apartado de sí la ignorancia como si fuera sueño, no estimándola en nada, ni estiman sus 30 obras como cosas sólidas, sino que las dejan detrás de sí como un sueño en la noche [21]. Ellos valoran el conocimiento del Padre como la aurora. Esta es la manera en que todos han actuado, como si hubieran despertado cuando eran ignorantes. Y esta es la manera en que han llegado al conocimiento, como si hubieran despertado. Bendito sea el hombre que vendrá y se despertará. Y Bienaventurado aquel que ha abierto los ojos de los ciegos. Y el Espíritu corrió tras él esforzándose por despertarlo. Tras extender su mano a aquel que yacía en tierra, lo puso en pie porque aún no se había levantado. Les dio los medios de conocer el conocimiento del Padre y la revelación de su Hijo [22]. Porque cuando lo hubieron visto [23] y lo hubieron oído les concedió gustar y oler y tocar al Hijo amado. Cuando hubo aparecido instruyéndolos sobre el Padre, el incomprensible, cuando les hubo insuflado lo que está en la mente, haciendo su voluntad, cuando muchos hubieron recibido la luz, se volvieron 31 hacia Él. Porque los seres materiales eran extraños y no vieron su semejanza y no lo conocieron. Porque Él vino mediante apariencia carnal [24], mientras nada impedía su ca-

---

[21] La imagen del sueño como letargo espiritual tiene paralelos en el Nuevo Testamento, pero más en relación con situaciones morales que con la adquisición del conocimiento (por ejemplo, Efesios 5, 14). También encontramos la unión de la idea «muerte-sueño» con «vida-despertar» (por ejemplo, Hechos 7, 60; 1 Corintios 15).

[22] Paralelo en Juan 16, 5 y ss.

[23] Esta cita no deja de tener una importancia fundamental porque reproduce bastante literalmente otra de 1 Juan 1, 1 y ss. Dado que 1 Juan es un intento de proporcionar una guía ortodoxa (y por lo tanto antignóstica) para leer el Evangelio de Juan, el que aquí se utilice alguno de sus versículos es buena muestra de la audacia e intrepidez teológica de los gnósticos, así como de su habilidad para servirse de las mismas obras canónicas contrarias a ellos.

[24] Posiblemente esta cita indique una cierta tendencia al docetismo: Jesús no se encarnó realmente sino en apariencia. Tal punto de vista es combatido en el Nuevo Testamento, por ejemplo, en Lucas 23, 38 y ss., donde Jesús resucita con su mismo cuerpo material.

rrera porque era incorruptibilidad e irresistibilidad. Hablando de cosas nuevas y siguiendo hablando de lo que está en el corazón del Padre, les mostró la palabra sin defecto. La luz habló a través de su boca y su voz dio a luz la vida. Les dio pensamiento y comprensión y misericordia y salvación y el espíritu poderoso que procede de la infinitud y de la bondad del Padre. Hizo que los castigos y las torturas cesaran porque estaban apartando de su rostro a algunos que necesitaban misericordia, presos del error y las cadenas; y los destruyó con poder y los confundió con conocimiento. Se convirtió en un camino [25] para aquellos que estaban perdidos y en conocimiento para aquellos que eran ignorantes, fue un descubrimiento para aquellos que buscaban y un apoyo para aquellos que flaqueaban, y significó pureza sin mancha para aquellos que estaban contaminados.

Él es el pastor que dejó detrás las noventa y nueve 32 ovejas que no se perdieron [26]. Fue en busca de la que se había perdido. Se regocijó cuando la encontró, porque noventa y nueve es un número que está en la mano izquierda que agarra. Pero cuando el uno es encontrado, todo el número pasa a la diestra. Lo mismo sucede con el que carece del amo; es decir, la diestra agarra lo que es deficiente y lo toma de la mano izquierda y lo lleva a la derecha, y así el número llega a ser cien. Es la señal de aquel que es justo: el Padre. Incluso en sábado [27] trabajó por las ovejas que encontró caídas en el pozo.

---

[25] El pasaje, que tiene resonancias de Juan 14, conserva sin embargo la idea de que Jesús es un camino (y no el camino), permitiendo así tender un puente del cristianismo hacia otras filosofías paganas.

[26] Esta misma parábola aparece en Lucas 15, 1 y ss., con ligeras variaciones.

[27] Puede que nos encontremos aquí con una referencia implícita a las curaciones realizadas por Jesús en sábado, día en que los judíos no podían realizar ningún trabajo en obediencia a lo estipulado al respecto por la ley mosaica. Sobre las curaciones sabáticas de Jesús, véase Marcos 3, 1-6; sobre la prohibición para los judíos de trabajar en sábado, véase Éxodo 20, 8 y ss., y Deuteronomio 5, 12 y ss.

Dio vida a las ovejas sacándolas del pozo para que pudierais conocer interiormente, vosotros, los hijos del conocimiento interior, lo que es el sábado, en el cual para obtener salvación no se puede holgazanear, a fin de que podáis hablar del día de arriba que no tiene noche, y de la luz que no se extingue porque es perfecta. Por lo tanto, decid desde el corazón que sois el día perfecto y en vosotros mora la luz que no se apaga. Hablad de la verdad con aquellos que la buscan y del conocimiento a aquellos que en su error han cometido el pecado. 33 Afirmad el pie de aquellos que han tropezado [28] y tended vuestras manos a aquellos que están enfermos. Alimentad a aquellos que tienen hambre y proporcionad descanso [29] a aquellos que están cansados, y levantad a aquellos que desean levantarse, y despertad a aquellos que duermen. Porque vosotros sois el entendimiento que se obtiene. Si la fuerza actúa así, llega a hacerse aún más fuerte. Preocupaos de vosotros mismos; no os preocupéis de las otras cosas que habéis echado de vosotros mismos. No regreséis a lo que vomitasteis para coméroslo [30]. No seáis polillas, no seáis gusanos, porque ya habéis rechazado serlo. No os convirtáis en morada del diablo, porque ya lo habéis destruido. No fortalezcáis a aquellos que son obstáculos para vosotros (y que ya se están viniendo abajo) como si fuerais un apoyo para ellos. Porque el injusto es alguien al que hay que tratar peor que al justo. Porque el primero actúa como una persona injusta; el último, como un justo que hace sus obras entre otros. Así vosotros, haced la voluntad del Padre, porque sois de Él.

---

[28] Es una referencia al apoyo a otros miembros de la comunidad en casos de duda o dificultad de cualquier tipo. Hay paralelos neotestamentarios (por ejemplo, Hebreos 12, 12-13).

[29] Se trata de una espiritualización de Mateo 25, 31 y ss. En el texto del Evangelio canónico la referencia es a hambre y sed materiales en lugar de a necesidades espirituales.

[30] Una referencia al peligro de abandonar la comunidad o apostatar. Una expresión similar se encuentra en 2 Pedro 2, 22.

Porque el Padre es misericordioso y en su voluntad hay buenas cosas. Él tomó las cosas que son vuestras para que podáis hallar reposo en ellas. Porque por el fruto se conocen las cosas que son vuestras, porque los hijos del Padre 34 son su aroma [31], porque proceden de la gracia de su faz. Por esta razón el Padre ama su fragancia y la manifiesta en todo lugar, y si la mezcla con la materia le da su fragancia a la luz y en su reposo hace que sobrepase toda forma (y) todo sonido. Porque no son los oídos los que huelen la fragancia, sino que es el aliento el que tiene el sentido del olfato y atrae la fragancia hacia sí y es sumergido en la fragancia del Padre. La guarda, después, la lleva al lugar de donde procedió su primera fragancia que se enfrió. Es algo en forma psíquica, que es como el agua fría que ha [...], que está en la tierra que no es sólida, la cual aquellos que la ven piensan que es tierra; después se disuelve otra vez. Si un aliento la atrae, se calienta. Las fragancias, por tanto, que son frías provienen de la división. Por esta razón vino (la fe); alejó la división y trajo el cálido pleroma del amor para que el frío no regrese de nuevo, sino que se produzca la unidad del pensamiento perfecto.

Esta es la palabra del evangelio del descubrimiento del pleroma para aquellos que esperan 35 la salvación que viene de lo alto. Cuando la esperanza esté expectante en los que esperan, aquellos cuya imagen es luz sin sombra en ella, vendrá el pleroma [32]. La deficiencia de la materia no se ha alzado a través de la ausencia de límites del Padre, que está a punto de concluir el tiempo de la deficiencia, aunque nadie podría decir que el incorruptible vendrá de esta manera. Pero la profundidad del Padre se multiplicó y el pensamiento del error no existió con Él. Es algo que cae, es algo que fácilmente se

---

[31] La imagen de fragancia en relación con los fieles justos aparece también en el Nuevo Testamento, de donde posiblemente la ha tomado el autor de este Evangelio (verbigracia, Apocalipsis 8, 4).

[32] Un paralelo del tiempo en que se consumará la plenitud se halla en 1 Corintios 13, 8-13.

levanta de nuevo al descubrir a aquel que ha venido a él y que lo traerá de regreso. Este traer de regreso es llamado arrepentimiento [33]. Por esta razón, la incorruptibilidad alentó, persiguió a aquel que había pecado para que pudiera descansar. Porque el perdón es lo que permanece por medio de la luz en lo deficiente, la palabra del pleroma. Porque el médico corre al lugar donde hay enfermedad a causa de su voluntad que está en él. El que tiene una deficiencia no la esconde, porque uno tiene lo que a otro le falta. Lo mismo sucede con el pleroma, que no tiene deficiencia; llena su deficiencia. Eso es lo que 36 hizo colmando lo que le falta para que pueda recibir la gracia. Cuando era deficiente no tenía la gracia. Por eso existe disminución en el lugar donde no hay gracia. Cuando lo disminuido fue recibido, reveló aquello de lo que carecía, como un pleroma; ese es el descubrimiento de la luz de verdad que creció sobre Él porque es inmutable.

Por eso se habló de Cristo entre ellos para que los que estaban trastornados pudieran recibir el ser vueltos (arrepentimiento) y Él pudiera ungirlos con unción [34]. La unción es la misericordia del Padre que tendrá misericordia para con ellos. Aquellos a los que ha ungido son los que han llegado a ser perfectos. Porque los cacharros llenos son aquellos que son ungidos usualmente. Pero cuando la unción de un cacharro se desvanece, queda vacío, y la razón para que allí se encuentre una deficiencia es aquello a través de lo cual se va la unción. Porque en esa ocasión un aliento lo arrastra, un aliento que está regido por el poder de aquel que está con él. Pero de aquel que no tiene deficiencia no es quitado ningún sello ni nada es vaciado. Y de aquello de lo que carece le llena el Pa-

---

[33] En la Biblia hay dos términos que son traducidos como nuestro habitual «arrepentimiento». En el Nuevo Testamento se trata de *metanoia* (cambio de mente), mientras que en el hebreo del Antiguo Testamento se utiliza *shub* (volverse). El autor gnóstico ha preferido incardinarse en la última tradición.

[34] Un paralelo en el Nuevo Testamento en cuanto a la unción de los fieles es Apocalipsis 7 y 14.

dre perfecto otra vez. Él es bueno. Conoce su plantación porque Él la plantó en su paraíso, y su paraíso es su lugar de descanso.

Esta 37 es la perfección en el pensamiento del Padre, y estas son las palabras de su meditación. Cada una de sus palabras es la obra de su única voluntad en la relación de su Palabra. Mientras estaban todavía en la profundidad de su pensamiento, la Palabra que iba a venir primero les reveló con una mente que habla la única Palabra en gracia silenciosa. Fue llamado, sin embargo, puesto que estaban en ella antes de ser revelado. Sucedió entonces que primero vino en el tiempo que complació a la voluntad de aquel que quiso. Y la voluntad es en lo que el Padre descansa y con lo que se complace. Nada sucede sin Él y nada acontece sin la voluntad del Padre, pero su voluntad es incomprensible. Su rostro es la voluntad y nadie la conocerá ni es posible para nadie encontrarla a fin de apoderarse de ella. Pero cuando Él lo desea, lo que Él desea es esto —incluso si la vista no les complace de ninguna forma—, delante de Dios está la voluntad, el Padre. Porque Él conoce el inicio de todos ellos y su fin. Porque cuando llegue el final de ellos les preguntará directamente. El final es recibir conocimiento [35] acerca de aquel que está oculto, y este es el Padre, 38 del cual vino el principio, al cual todos los que han venido de Él volverán. Y ellos han aparecido para la gloria y el gozo de su nombre.

Ahora bien, el nombre del Padre es el Hijo. Este es aquel que primero dio un nombre a aquel que vino de Él, que era Él mismo y al que engendró como hijo [36]. Le dio su nombre que

---

[35] El pasaje tiene resonancias de Juan 17, 3, si bien una vez más nos encontramos ante una subversión de un escrito canónico, que es reinterpretado en términos gnósticos.

[36] El tema del nombre divino tiene sus raíces en el pensamiento judío, y de él ha pasado al Nuevo Testamento. Una referencia al hecho de que el Padre ha entregado Su Nombre al Hijo se halla en Filipenses 2, 5 y ss. En el Apocalipsis se habla de que en la consumación de los tiempos los fieles serán hechos partícipes de ese Nombre que es oculto (Apocalipsis 2, 17; 3, 1; 14, 1; 22, 4).

le pertenecía; puesto que es aquel al que pertenece todo lo que existe en torno suyo, el Padre. Suyo es el nombre; Suyo es el Hijo. Para Él es posible ser visto. Pero el nombre es invisible, porque el misterio del invisible solo viene a los oídos que están llenos de él. Porque ciertamente el nombre del Padre no es hablado, sino que se transparenta a través de un Hijo. Por ello el nombre es algo grande. ¿Por lo tanto, quién podrá pronunciar un nombre para Él, el gran nombre, excepto aquel solo a quien el nombre pertenece y los hijos del nombre en quienes descansó el nombre del Padre y a quienes Él hizo descansar en su nombre? Ya que el Padre no fue engendrado, solo Él engendró un nombre para sí mismo antes de crear los eones para que el nombre del Padre estuviera sobre la cabeza de ellos como señor, es decir, el 39 nombre en verdad que es firme en su orden a través de un poder perfecto. Porque el nombre no está formado por simples palabras ni consiste en apelaciones, sino que es invisible. Se dio un nombre a sí mismo, puesto que se ve a sí mismo, y Él solo tiene el poder para darse un nombre. Porque el que no existe, no tiene nombre. Porque ¿qué nombre es dado a aquel que no existe? Pero aquel que existe también existe con un nombre y se conoce a sí mismo. Darse a sí mismo un nombre es prerrogativa del Padre. El hijo es su nombre. Por lo tanto, no lo escondió en la obra, sino que el Hijo existió; a Él solo se le dio el nombre. Por lo tanto, el nombre es el del Padre, como el nombre del Padre es el Hijo. ¿Ciertamente dónde encontraría la misericordia un nombre excepto con el Padre?

Pero, sin duda, alguien dirá a su prójimo: «¿Quién es aquel que dará un nombre a aquel que existió antes de él, como si los hijos no recibieran el nombre 40 de los que los engendraron?». Primero, debemos, por lo tanto, reflexionar sobre este asunto: ¿cuál es el nombre? Es el nombre en verdad; por lo tanto, no es el nombre del Padre, que es el único apropiado. Por lo tanto, no recibió el nombre prestado como otros según la forma en que cada uno es creado. Sino que este es el nombre apropiado. No hay ninguno más que aquel que le dio.

Pero es innombrable, indescriptible, hasta el tiempo cuando el que es perfecto habló de sí mismo. Y ese es el que tiene el poder para hablar su nombre y verlo.

Por lo tanto, cuando le complació que su nombre que es pronunciado fuera su Hijo, y le dio el nombre a aquel que vino de lo profundo, habló sobre sus cosas secretas sabiendo que el Padre es un ser sin maldad. Por esa razón lo trajo para hablar sobre el lugar y el sitio de descanso del que había venido 41 para glorificar al pleroma, a la grandeza de su nombre y la bondad del Padre. Hablará sobre el lugar del que todos vienen e intentará regresar de nuevo a la región donde recibió su ser esencial y ser llevado de ese lugar —el lugar donde estuvo— paladeando ese lugar y recibiendo alimentación y recibiendo crecimiento. Y su propio lugar de descanso es su pleroma.

Por lo tanto, todas las emanaciones del Padre son pleromas, y la raíz de todas sus emanaciones está en aquel que hizo que todas crecieran en sí mismo. Les asignó sus destinos. De ahí que todos aparezcan para que a través de sus propios pensamientos [...]. Porque el lugar al que envían su pensamiento, ese lugar es su raíz, que los lleva en toda su altura hasta el Padre. Poseen su cabeza, que es reposo para ellos, y se aferran a Él, como si quisieran decir que han participado de su rostro besándolo. Pero no aparecen 42 de esta manera, porque no se sobrepasaron ni carecieron de la gloria del Padre ni pensaron de Él que era pequeño ni que era cruel ni que era colérico, sino que pensaron que era un ser sin mal, imperturbable, bondadoso, que conocía todos los espacios antes de que llegaran a existir y que no tiene necesidad de ser instruido.

Así son los que poseen algo procedente de arriba, de la grandeza inconmensurable, cuando van en pos del único, del perfecto, de aquel que está allí por ellos. Y no descienden al Hades [37] ni tienen envidia ni padecen el sufrimiento o la

---

[37] Hades, probablemente, indica en este caso el lugar de tormento de los condenados, como en Lucas 16,19 y ss., o en Apocalipsis 20,14.

muerte dentro de ellos, sino que reposan en aquel que está en reposo, ni contienden ni se ven envueltos en la busca de la verdad. Sino que ellos mismos son la verdad; y el Padre está dentro de ellos y ellos están en el Padre, siendo perfectos, siendo indivisos en el verdaderamente Bueno, no siendo deficientes en nada, sino que reposan descansados en el Espíritu. Y ellos harán caso de su raíz. Se ocuparán de aquellas cosas en las que él encontrará su raíz y no sufrirán pérdida para su alma. Este es el lugar de los bienaventurados; este es su lugar. En cuanto al descanso, que sepan en sus lugares que no tiene sentido para mí 43 (tras llegar al lugar de descanso) hablar de nada más. Allí es donde estaré para ocuparme en todo momento del Padre de todos los hermanos verdaderos 38, aquellos sobre los que el amor del Padre es derramado y entre los cuales no hay carencia de Él. Ellos son los únicos que aparecen en verdad, puesto que existen en vida verdadera y eterna y hablan de la luz que es perfecta y está llena de la semilla del Padre, y que está en su corazón y en el pleroma, a la vez que su Espíritu se regocija en ella y glorifica al único en quien existió porque Él es bueno. Y sus hijos son perfectos y dignos de su nombre, porque Él es el Padre: ama a los hijos que son de esta clase.

---

38 Lo opuesto a los mismos serían los falsos hermanos, es decir, aquellos que preciándose de ser cristianos no lo son en realidad. Referencias a esa clase de apelativo aparecen con cierta frecuencia en el Nuevo Testamento (por ejemplo, 2 Corintios 11, 26; Gálatas 2, 4).

EVANGELIO DE MARÍA

Introducción

E L Evangelio de María es el primero de los cuatro tratados encontrados en el Códex gnóstico de Berlín. El manuscrito de Nag Hammadi pertenece a principios del siglo v, pero un fragmento griego de este texto puede ser fechado a principios del siglo III. Supuestamente María Magdalena divulga en este Evangelio parte de la enseñanza secreta que le habría revelado Jesús. Por desgracia faltan cuatro páginas, las cuales cabe suponer que recogerían los aspectos más claramente gnósticos de la obra, aunque algunos subsisten en la parte que ha llegado hasta nosotros.

La elección de María Magdalena como receptáculo de la revelación esotérica de Jesús viene en parte determinada por secciones del Nuevo Testamento, como Lucas 10, 38 y ss., donde se habla de que Jesús le enseñó a solas [1]. También hay que atribuir su elección al deseo de mantener un cierto papel de la mujer en el seno de la Iglesia, papel que, en esos momentos, solo propugnaban los gnósticos y otros grupos heterodoxos.

El hecho de que buena parte de la obra intente infundir ánimo en la mente de los lectores y confianza en un triunfo

---

[1] Con todo, no es seguro que María, la hermana de Marta y de Lázaro, pueda ser identificada con la Magdalena.

final, sugiere que posiblemente su trasfondo fue el de un acoso por parte de la Iglesia oficial, y su finalidad más inmediata proporcionar aliento a círculos gnósticos que se veían perseguidos por esta.

... «¿I MPORTARÁ que sea destruido o no?» Dijo el Salvador, «Todas las naturalezas, todas las formaciones, todas las criaturas existen las unas en las otras y las unas con las otras, y volverán de nuevo a ser llevadas a sus raíces. Porque su naturaleza es volver a las raíces de su sola naturaleza. El que tenga oídos para oír que oiga».

Pedro le dijo: «Puesto que nos has explicado todo, dinos también esto: ¿cuál es el pecado del mundo?». El Salvador dijo: «No hay pecado, sino que pecáis cuando hacéis las cosas que son de la misma naturaleza del adulterio [1] que es llamado pecado, por eso el Bueno vino a vosotros, a la esencia de toda naturaleza, para restaurarla a sus raíces» [2]. Después continuó y dijo: «Por eso vosotros enfermáis y morís [...] 8 de aquel que [...] comprende, comprenda. [...] Una pasión que no tiene igual, que procede de algo contrario a la naturaleza [3].

---

[1] Es muy frecuente en la Biblia, y de ahí seguramente lo ha tomado el autor de este Evangelio, la identificación del término *adulterio* con la desviación de la pureza de vida o de creencia (véase Isaías 57, 3-11; Jeremías 3, 1; Santiago 4, 4).

[2] La idea de la restauración (*apokatástasis*) forma parte del mensaje cristiano primitivo (véase Hechos de los Apóstoles 3, 21), y sin duda resultó uno de los elementos más atractivos del mismo, tanto desde el punto de vista social como gnóstico.

[3] Se trata de un juicio sobre la materia contrario al contenido en Génesis 1, donde se insiste en el carácter bueno de la misma. El acercamiento

Entonces se produce una turbación en todo el cuerpo, por eso os dije: "Animaos, y si estáis desanimados, animaos en la presencia de las formas diferentes de la naturaleza. El que tenga oídos para oír que oiga"». Cuando el Bendito hubo dicho esto los saludó a todos diciendo: «La paz sea con vosotros. Recibid mi paz para vosotros mismos. Cuidaos de que nadie os extravíe, diciendo: "Aquí está" o "Allí está". Porque el Hijo del Hombre está dentro de vosotros. Seguidlo. Aquellos que lo busquen lo encontrarán [4]. Id por lo tanto y predicad el Evangelio del Reino. No 9 establezcáis ninguna regla más allá de lo que yo os ordené, y no deis ninguna ley como si fuerais legisladores a menos que os veáis obligados a ello». Cuando hubo dicho esto, marchó.

Pero ellos quedaron apesadumbrados. Lloraban grandemente diciendo: «¿Cómo iremos a los gentiles, y predicaremos el Evangelio del Reino del Hijo del Hombre? ¿Si no le hicieron caso a él, cómo nos van a hacer caso a nosotros?». Entonces María [5] se puso de pie, los saludó a todos y dijo a sus hermanos: «No lloréis y no os apenéis y no seáis personas

---

al tema resulta muy distante, porque mientras que en la tradición bíblica la materia es buena y procede de un Dios bueno (aunque luego haya sido alterada por la Caída), en el gnóstico, por regla general, es mala y procede de la Creación de un dios perverso al que, bajo diversos nombres, se identifica con el Dios del Antiguo Testamento.

[4] Las líneas siguientes contienen una manifestación de Cristo o cristofanía que aparece como un entretejido de distintos pasajes del Nuevo Testamento, lo que puede indicar una influencia del género deráshico pero aplicado a los Evangelios.

[5] La María a la que se hace referencia aquí es María Magdalena. El personaje histórico tuvo una vinculación muy estrecha con Jesús, que había expulsado de ella varios demonios y a la que se apareció, según Juan 20, 11 y ss., en primer lugar. El hecho de que Jesús le enseñara de manera privada y directa (Lucas 10, 38 y ss.) en alguna ocasión, la convertía en candidata ideal para relacionarla con supuestas enseñanzas esotéricas de Jesús. Resultaba además de no poca trascendencia para intentar mantener un cierto papel de la mujer en la Iglesia, que era negado cada vez con mayor insistencia por la Iglesia oficial y defendido, en mayor o menor medida, por los gnósticos.

sin resolución, porque Su Gracia estará enteramente con vosotros y os protegerá. Por lo tanto, alabemos Su grandeza, porque Él nos ha preparado y nos ha enviado a los hombres». Cuando María dijo esto, quiso volver sus corazones hacia el Bueno. Y empezaron a discutir las palabras del (Salvador). 10. Pedro dijo a María: «Hermana, sabemos que el Salvador te amó más que al resto de las mujeres. Dinos las palabras del Salvador que recuerdas, las que sabes pero que nosotros ni tenemos ni hemos oído». María contestó y dijo: «Lo que está escondido de vosotros yo os lo proclamaré». Y empezó a hablarles estas palabras: «Yo», dijo, «Yo vi al Señor en una visión y le dije: "Señor, te vi hoy en una visión". Él contestó y me dijo: "Bendita eres, porque no flaqueaste al verme. Porque donde está la mente está el tesoro". Yo le dije: "Señor, ¿el que ahora ve la visión la ve a través del alma o a través del espíritu?". El Salvador contestó y dijo: "No ve a través del alma ni a través del espíritu, sino que la mente que está entre los dos, esa es la que ve la visión, y es... [...]"» 6.

[...] 15. «Y el deseo dijo: "Yo no te vi descendiendo, pero ahora te veo ascendiendo. ¿Por qué mientes si me perteneces?". El alma contestó y dijo: "Te vi. Tú no me viste ni me reconociste. Yo te serví como vestidura y tú no me conociste". Cuando dijo esto, se marchó con gran alegría.»

«De nuevo vino hasta el tercer poder 7 que es llamado ignorancia. Y el poder preguntó al alma diciendo: "¿Dónde vas? Estás atada a la iniquidad. Así que como estás atada no juzgues". Y el alma dijo: "¿Por qué me juzgas, aunque yo no he juzgado? Yo estaba atada, aunque yo no he atado. Yo no fui reconocida. Pero yo he reconocido que el Todo está siendo disuelto, tanto las cosas terrenales 16 como las celestiales".»

«Cuando el alma hubo vencido al tercer poder, subió más arriba y vio al cuarto poder, que tomó siete formas. La primera

---

6 Faltan a continuación las páginas 11 a 14.

7 Término que indica un concepto similar al de las potencias paulinas (véase Romanos 8, 38).

forma es la oscuridad, la segunda el deseo, la tercera la ignorancia, la cuarta es la excitación de la muerte, la quinta es el reino de la carne, la sexta es la necia sabiduría de la carne, la séptima es la sabiduría llena de ira. Estos son los siete poderes de la ira. Preguntan al alma: "¿De dónde vienes, asesina de hombres, o adónde vas, conquistadora del espacio?". El alma contestó y dijo: "Lo que me ata ha sido muerto, y lo que me trastorna ha sido vencido, y mi deseo ha sido finalizado y la ignorancia ha muerto. En un mundo fui liberada 17 de un mundo, y en un tipo de un tipo celestial, y del olvido que pasa. Desde ahora en adelante yo pasaré el resto del tiempo, de la estación, del eón, en silencio".»

Cuando María hubo dicho esto, quedó en silencio, pues hasta ahí el Salvador le había hablado. Pero Andrés respondió y dijo a los hermanos: «Decid lo que queráis decir sobre lo que ella ha dicho [8]. Yo reconozco que no creo que el Salvador haya dicho esto. Porque ciertamente estas enseñanzas son ideas extrañas». Pedro respondió y habló referente a estas mismas cosas. Les preguntó acerca del Salvador: «¿Realmente habló privadamente con una mujer y no abiertamente con nosotros? ¿Vamos a preocuparnos y a escucharla a ella? ¿Acaso Él la prefirió a nosotros?» 18.

Entonces María se echó a llorar y dijo a Pedro: «Hermano mío, Pedro, ¿qué piensas? ¿Piensas que a mí se me ocurrió esto por mí misma o que estoy mintiendo acerca del Salvador?». Leví [9] contestó y dijo a Pedro: «Pedro, siempre has sido

---

[8] Este pasaje constituye un reflejo de la controversia antifemenina dentro de la Iglesia. Originalmente las comunidades cristianas primitivas parecen haber concedido un papel de igualdad a la mujer, pues conocemos diaconisas (Romanos 16, 1), profetisas (Hechos 21, 9) e incluso cabe la posibilidad de que existiera alguna «apóstol» (Romanos 16, 7). A nivel teórico tal principio resultaba indiscutido a comienzos de la segunda mitad del siglo I (véase Gálatas 3, 28). No obstante, a finales del siglo I parece incuestionable que la importancia de la mujer en la Iglesia ya era muy reducida.

[9] La utilización de Leví (el Mateo autor del primer Evangelio canónico) para apoyar a María constituye un recurso literario de considerable importancia, ya que legitima el papel de María a partir de un apóstol que une a su condición de tal la de ser el autor de un Evangelio.

acalorado. Ahora veo que estás enfrentándote contra esta mujer como si fuera un adversario. Pero si el Salvador la consideró digna, ¿quién eres tú para rechazarla? Seguramente el Salvador la conoce muy bien. Por eso la amó a ella más que a nosotros. Por lo tanto, deberíamos avergonzarnos y revestirnos del hombre perfecto y separarnos como nos ordenó y predicar el Evangelio, no poniendo otra regla ni otra ley más allá de lo que el Salvador dijo». Cuando 19 [...] y empezaron a ir proclamando y predicando.

EVANGELIO DE FELIPE

Introducción

E L Evangelio de Felipe constituye una colección de temas
teológicos abordados desde una perspectiva gnóstica,
muy posiblemente de corte valentiniano.

Por la manera en que se articula su teología, podemos ver
que el autor conoce bastante bien el Nuevo Testamento, del que
no solo cita las obras de Juan sino también a los otros evangelis-
tas, e incluso a Pablo, pero tiene una cierta habilidad para alego-
rizar con temas de las Escrituras. El hecho de que esta corriente
se hubiera abierto camino también en la Iglesia dominante debió
de servirle en buena manera para mantener el anonimato.

Del mismo modo, habla de un número de sacramentos que
debía de ser el aceptado por la Iglesia oficial en aquella época.
Los conocía, pues, pero de nuevo el contenido que les da es
nuclearmente diferente. No obstante, la obra nos permite
adentrarnos en la teología sacramental gnóstica. Muy posiblemente, en está época, según nos ha transmitido, por ejemplo,
Epifanio, los gnósticos permanecen todavía dentro de la Iglesia oficial; solo hablan de aquellas doctrinas que no les hacen
chocar con las autoridades establecidas y ocultan su gnosis
salvo a los iniciados. La táctica mencionada sirvió para prote-
gerlos durante un cierto tiempo de manera efectiva pero, al fin
y a la postre, tras la oficialización de la Iglesia a partir de Constantino, los días de estos círculos empezaron a estar contados.

La presente obra seguramente fue escrita en Siria hacia la
segunda mitad del siglo III.

Un hebreo hace a otro hebreo y a tal persona se le llama «prosélito». Pero un prosélito no hace otro prosélito. Los dos existen como son y hacen a otros como a sí mismos, mientras que otros existen solamente. El esclavo busca solo ser libre pero no espera adquirir la posición de su amo. Pero el hijo no es solo hijo, sino que pretende la herencia de su padre [1]. Aquellos que son herederos de los muertos están muertos también y heredan a los muertos. Los que son herederos de lo que está vivo están vivos y heredan tanto lo vivo como lo muerto. Los muertos no heredan nada. Porque ¿cómo puede heredar el que está muerto? Si el que está muerto hereda lo que vive, no morirá, sino que el que está muerto vivirá aún más.

Un gentil no muere, porque no ha vivido nunca para poder morir. El que ha creído en la verdad ha encontrado la vida y está en peligro de morir porque está vivo. Desde que Cristo vino el mundo fue creado, las ciudades adornadas, los muertos realizados. Cuando fuimos hebreos éramos huérfanos y teníamos solo a nuestra madre, pero cuando nos convertimos en cristianos tuvimos madre y padre.

Los que siembran en invierno cosechan en verano. El invierno es el mundo, el verano el otro eón. Sembremos en el

---

[1] Posiblemente un eco de Gálatas, 4.

mundo para que podamos cosechar en el verano. Por esto no debemos orar en invierno. El verano sigue al invierno. Pero si algún hombre cosecha en invierno, la verdad es que no cosechará sino que solo arrancará, y esto no le proporcionará ninguna cosecha. Su fruto no solamente no brota, sino que además (su campo) está estéril en sábado. Cristo vino 53 a rescatar a algunos, a salvar a otros, a redimir a otros. Rescató a aquellos que eran extraños y los convirtió en algo suyo. Y apartó a los suyos, aquellos a los que, por su libre voluntad, hizo la promesa. No solo entregó su vida voluntariamente cuando apareció, sino que voluntariamente entregó su vida desde el mismo día en que el mundo vino a existir. Después vino para tomarlo porque le había sido dado como promesa. El mundo había caído en manos de ladrones y fue hecho cautivo, pero Él lo salvó. Redimió a la gente buena que había en el mundo al igual que a la mala.

Luz y tinieblas, vida y muerte, derecha e izquierda, son hermanos entre sí. Son inseparables. Por esto ni el bien es bien, ni el mal es mal, ni la vida vida, ni la muerte muerte. Por esto todos se disolverán en su naturaleza original. Pero aquellos que son exaltados sobre el mundo son indisolubles, eternos.

Los nombres que se dan a las cosas mundanas son muy engañosos [2], porque distraen nuestros pensamientos de lo que es correcto a lo que es incorrecto. Así, uno que oye la palabra «Dios» no percibe lo que es correcto, sino que percibe lo que es incorrecto. Lo mismo sucede con «el Padre» y «el Hijo» y «el Espíritu Santo» y «vida» y «luz» y «resurrección» y «la Iglesia» y todo lo demás, la gente no percibe lo que es correcto, sino que perciben lo que es incorrecto, a menos que hayan llegado a saber lo que es correcto. Los (nombres que se oyen) es-

---

[2] Esta diferencia entre los nombres y lo que significan tiene cierta tradición semítica (véase las referencias al nombre divino transcrito en el tetragrámaton), a la que posiblemente se ha unido cierta impregnación de la teoría de las ideas de Platón.

tán en el mundo (para 54 engañar. Si) estuvieran en el eón [3], no serían utilizados como nombres en el mundo. Ni estarían colocados entre las cosas mundanas. Tienen un fin en el eón. Un solo nombre no es pronunciado en el mundo [4], el nombre que el Padre dio al Hijo, el nombre sobre todas las cosas: el nombre del Padre. Porque el Hijo no se convierte en el Padre salvo cuando usa el nombre del Padre. Aquellos que tienen este nombre conocen pero no lo dicen. Pero aquellos que no lo tienen no lo conocen.

Pero la verdad hizo que existieran nombres en el mundo, porque no es posible enseñar sin nombres. La verdad es una sola cosa y es también muchas cosas por causa de nosotros que aprendemos esta única cosa en amor a través de muchas cosas. Los poderes [5] querían engañar al hombre porque veían que tenía comunión con los que son verdaderamente buenos. Tomaron el nombre de los que son buenos y se lo dieron a aquellos que no son buenos, para que a través de los nombres puedan engañar y ligarlos a aquellos que no son buenos. Y después, si les hacen un favor, serán obligados a retirarlos de aquellos que no son buenos y colocarlos entre aquellos que son buenos. Estas cosas las sabían, porque deseaban echar mano del hombre libre y convertirlo en su esclavo para siempre.

Hay poderes que (luchan contra) el hombre, no deseando que este se (salve), para poder ellos [...]. Porque si el hombre es (salvado, no habrá) ningún sacrificio [...] y no se ofrecerán animales 55 a los poderes, los (mismos) que [...] los animales son los que sacrifican a estos. Ciertamente los ofrecían vivos, pero cuando los ofrecían morían. En cuanto al hombre, lo ofrecían muerto a Dios y vivió.

---

[3] Eón en este contexto parece indicar el sistema presente, caído y necesitado de redención. Esta idea tiene cierta raíz en el Nuevo Testamento, pero también en tesis gnósticas precristianas.

[4] Presumiblemente el nombre inefable oculto tras el tetragrámaton. Un paralelo a este texto se encuentra en Filipenses 2, 5 y ss.

[5] Es un término utilizado en sentido similar al de las potencias o poderes mencionados por Pablo en Romanos 8, 38.

Antes de que Cristo viniera no había pan en el mundo, igual que el paraíso, el lugar donde estaba Adán, tenía muchos árboles para alimentar a los animales pero nada de trigo para alimentar al hombre. El hombre acostumbraba a alimentarse como los animales, pero cuando Cristo, el hombre perfecto, vino, trajo pan del cielo para que el hombre pudiera ser nutrido con el alimento del hombre [6]. Los poderes pensaron que era por su propio poder y voluntad que estaban haciendo lo que hacían, pero el Espíritu Santo en secreto estaba realizando todo a través suyo tal y como quería. La verdad, que existió desde el principio, está sembrada en todas partes. Muchos la ven cuando es sembrada, pero pocos son los que la ven cuando es cosechada.

Algunos dijeron: «María concibió por el Espíritu Santo». Están equivocados. No saben lo que están diciendo. ¿Cuándo nunca una mujer concibió de una mujer? María es la virgen a la que ningún poder contaminó. Ella es gran anatema para los hebreos [7] que son apóstoles y hombres apostólicos. Esta virgen a la que ningún poder contaminó [...] los poderes se contaminan a sí mismos. Y el Señor no habría dicho «(Padre) mío (que estás en) el cielo» a menos que tuviera otro padre, sino que Él hubiera dicho sencillamente «(Padre mío)».

El Señor dijo a los discípulos: «(Salid) 56 de toda casa. Entrad a la casa del Padre. Pero no llevéis (nada) a la casa del Padre ni lo saquéis de ella».

«Jesús» es un nombre oculto. «Cristo» es un nombre revelado. Por esta causa «Jesús» no existe en ninguna lengua, pero su nombre siempre «Jesús» como es llamado. «Cristo» es también su nombre: en siriaco es «Mesías», en griego es «Cristo». Ciertamente todos los demás lo tienen también según su lengua. «El Nazareno» es aquel que revela lo que está

---

[6] La figura, con bastante probabilidad, está tomada del discurso atribuido a Jesús que se encuentra en el Evangelio de Juan, capítulo 6.

[7] Sin duda, una referencia a la controversia antifemenina dentro de la Iglesia.

oculto. Cristo tiene todo en sí mismo, sea hombre o ángel o misterio, y el Padre.

Aquellos que dicen que el Señor murió primero y (luego) resucitó están en un error, porque Él resucitó primero y (después) murió. Si uno no alcanza primero la resurrección, ¿cómo va a morir? Dios vive porque estuvo muerto.

Nadie ocultará un objeto valioso entre algo que merezca la pena, sino que se oculta algo que vale millares en medio de alguna cosa de valor ínfimo. Podemos comparar esto con el alma. Es algo precioso que ha llegado a estar dentro de un cuerpo despreciable. Algunos temen resucitar desnudos. Por esto desean resucitar en la carne y no saben que aquellos que se visten de la (carne) están desnudos. Aquellos que (están dispuestos) a desnudarse son los que no están desnudos. «Carne (y sangre) no heredarán el Reino (de Dios)» [8]. ¿Qué es lo que 57 no heredarán? Lo que está en nosotros. Pero ¿qué es lo que heredaremos? Lo que pertenece a Jesús y a su sangre. Por eso dijo: «El que no coma mi carne y beba mi sangre no tendrá vida en él» [9]. ¿Qué es eso? Su carne es la palabra y su sangre es el Espíritu Santo. El que ha recibido estas cosas tiene alimento y bebida y tiene vestido. Creo que se equivocan aquellos otros que dicen que no resucitará. Los dos se equivocan. Vosotros decís que la carne no resucitará. Pues decidme lo que resucitará para que os demos la razón. Vosotros decís que el espíritu en la carne, y también la luz en la carne. Pero también esto está en la carne porque de todo lo que decís nada es fuera de la carne. Es necesario resucitar en la carne puesto que todo existe en ella. En este mundo los que se visten con ropajes son mejores que los ropajes. En el Reino de los cielos los ropajes son mejores que los que se los han puesto.

Mediante agua y fuego es purificado todo el lugar —lo visible por lo visible, lo oculto por lo oculto—. Hay algunas co-

---

[8] Es una cita de 1 Corintios 15, 50.
[9] Es un pasaje de Juan 6, 53.

sas ocultas a través de lo que es visible. Hay agua en el agua, hay fuego en el crisma.

Jesús los tomó a todos a escondidas, porque no se reveló a sí mismo de la manera que era, sino que lo hizo de la manera en que pudieron ver que se había revelado. Se reveló (a todos ellos, se reveló) a los grandes como grande. (Se reveló) a los pequeños como pequeño. (Se reveló 58 a los) ángeles como un ángel; y a los hombres como un hombre. A causa de esto su palabra se ocultó de todos. Algunos ciertamente lo vieron pensando que se estaban viendo a sí mismos, pero cuando apareció a sus discípulos en gloria en el monte no era pequeño. Se hizo grande, pero hizo grandes a los discípulos para que pudieran verlo en su grandeza.

Aquel día dijo en la Eucaristía: «Os habéis unido al perfecto, a la luz, con el Espíritu Santo, unid a los ángeles con nosotros también, las imágenes». No despreciéis al cordero, porque sin él no es posible ver al rey. Nadie podrá entrar en la presencia del rey si está desnudo.

El hombre celestial [10] tiene muchos más hijos que el hombre terrenal. Si los hijos de Adán son muchos, aunque mueran, son muchos más los hijos del hombre perfecto, que no mueren sino que siempre son engendrados. El padre engendra a un hijo y el hijo no tiene el poder de engendrar a un hijo. Porque el que ha sido engendrado no tiene el poder de engendrar, sino que el hijo engendra hermanos suyos, no hijos. Todos los que son engendrados en el mundo son engendrados de manera natural, y los otros de manera espiritual. (Aquellos que) son engendrados por Él (Gritan) desde ese lugar al hombre (perfecto) (porque son alimentados) por la promesa (del lugar) celestial que viene de (su) boca, (porque si)

---

[10] Se trata de un acercamiento a la figura del hombre celestial cuyo origen es claramente precristiano y pagano pero que penetró en el cristianismo gnóstico de la mano de ciertos parecidos, más de forma que de fondo, en el Nuevo Testamento (véase la configuración de Adán y Cristo como opuestos en Romanos 5).

el mundo hubiera salido de ese lugar 59 debería ser alimentado con lo que sale de la boca y así llegar a ser perfecto. Porque mediante un beso el perfecto concibe y da a luz. Por esta razón nos besamos también los unos a los otros[11]. Recibimos la concepción de la gracia que hay en cada uno de vosotros.

Hubo tres que caminaron siempre con el Señor: María su madre y la hermana de esta y Magdalena[12], que fue llamada compañera de Él. La hermana de Él y su madre y su compañera fueron todas María[13].

«El Padre» y «El Hijo» son nombres singulares, «El Espíritu Santo» es un nombre dual. Porque están en todas partes: están arriba, están abajo; están en lo oculto, están en lo revelado. El Espíritu Santo está en lo revelado: está abajo. Está en lo oculto: está arriba.

Los santos son servidos por poderes malos, porque son cegados por el Espíritu Santo y piensan que sirven a un hombre (ordinario) siempre que hacen (algo) para los santos. A causa de esto un discípulo pidió al Señor un día algo de este mundo. Él le dijo: «Pide a tu madre y ella te dará de las cosas que son de otro».

[11] Se trata de una alusión al beso de la paz como saludo en las comunidades cristianas. Tenemos alguna referencia neotestamentaria a esta práctica (véase Romanos 16, 16; 1 Corintios 16, 20; 2 Corintios 13, 12; 1 Tesalonicenses 5, 26; 1 Pedro 5, 14). El hecho de que Judas utilizara tal medio de saludar a Jesús (y así identificarlo cuando lo traicionó) quizá permite retrotraer el origen de esta costumbre al mismo Jesús (véase Lucas 22, 48, y 7, 45).

Al parecer los gnósticos conservaron este ritual como hoy en día lo hacen algunas comunidades cristianas como los «Amish».

[12] Sin duda, se trata de una huella del papel inicial de la mujer en la comunidad primitiva, así como del conflicto que tal circunstancia ocasionaba en la Iglesia oficial.

[13] Curiosamente, María Magdalena aparece con un valor muy superior al de la madre de Jesús en este Evangelio. Quizá esa pudo ser la situación durante la vida de Jesús, pues incluso sabemos que Su madre intentó disuadirlo de que continuara su ministerio itinerante (véase Mateo 12, 46-47); ahora bien, tras la muerte de Jesús el papel de la madre se incrementó en la Iglesia de Jerusalén, y, por el contrario, no volvemos a tener referencias de María Magdalena salvo en relación con algunas apariciones del Maestro.

Los apóstoles dijeron a los discípulos: «Que toda nuestra ofrenda obtenga sal». Llamaron a Sofía «sal». Sin ella no resulta aceptable ninguna ofrenda. Pero Sofía es estéril, (sin) hijos. Por esta razón es llamada «un rastro de sal». Pero donde estén a su manera (también estará) el Espíritu Santo, (y) 60 sus hijos son muchos.

Lo que el padre posee pertenece al hijo [14], y al hijo mismo, mientras es pequeño, no le es confiado lo que es suyo. Pero cuando se hace un hombre su padre le da todo lo que posee. Aquellos que se han apartado, a quienes el Espíritu engendra, generalmente se apartan a causa del Espíritu. De la misma manera por un único y mismo aliento el fuego se esparce y se extingue.

Ejamoz es una cosa y Ejmoz otra. Ejamoz es sabiduría [15] simplemente, pero Ejmoz es la sabiduría de la muerte, que es la única que conoce la muerte, la que es llamada «la pequeña sabiduría».

Hay animales domésticos, como el toro y el asno y otros de esta clase. Otros son salvajes y viven aparte en los desiertos. El hombre ara el campo con los animales domésticos y así se alimenta él y los animales, ya sean domésticos o salvajes. Comparémoslo (con el caso de) el hombre perfecto. Mediante poderes que le son sumisos ara preparándose para todo lo que ha de llegar a ser. Porque a causa de esto todo el lugar se mantiene en pie, lo bueno y lo malo, la derecha y la izquierda. El Espíritu Santo pastorea a todos y rige a (todos) los poderes, los «domesticados» y los «salvajes», al igual que aquellos que son únicos. Porque ciertamente Él (los vence) y los encierra para que, (aunque) quieran, no puedan (escapar).

(Aquel que) ha sido creado es (hermoso y) encontrará que sus hijos (son) una 61 noble creación. Si no fue creado sino engendrado, encontrarás que su descendencia fue noble. Pero

[14] La figura posiblemente se inspira en el razonamiento de Gálatas 4.

[15] El tema de la sabiduría contiene aquí un sustrato precristiano sobre la *sofía* («sabiduría» en griego), ligado al concepto de la sabiduría creadora que aparece en el Antiguo Testamento (véase Proverbios 8).

ahora fue creado (y) engendrado. ¿Qué nobleza es esta? Primero existió el adulterio, después el asesinato. Y él fue engendrado en adulterio porque fue el hijo de la serpiente. Así que se convirtió en un asesino, igual que su padre, y mató a su hermano. Ciertamente toda relación sexual entre aquellos que son desiguales es adulterio [16]. Dios señala. Nota: O tiñe, pero en el sentido de marcar con finalidad salvífica, verbigracia: Ezequiel 9, 4. Cuando el bueno señala, los que son llamados «verdaderos» se disuelven con las cosas señaladas en ellos, así es con aquellos a los que Dios ha señalado. Puesto que sus señales son inmortales, ellos son inmortales gracias a sus colores. Ahora bien, Dios sumerge lo que Él sumerge en agua.

No es posible para nadie ver nada de las cosas que existen realmente a menos que se haga como ellas. No es así con el hombre en el mundo: ve el sol sin ser un sol; y ve el cielo y la tierra y todas las demás cosas, pero no es estas cosas. Sucede algo así al guardar la verdad. Pero tú viste algo de ese lugar y te convertiste en aquellas cosas. Viste al Espíritu y te convertiste en espíritu. Viste a Cristo, te convertiste en Cristo. Viste (al Padre), llegarás a convertirte en el Padre. De manera que (en este lugar) ves todo y no te (ves) a ti mismo, pero (en ese lugar) te ves a ti mismo y lo que verás eso llegarás (a ser).

La fe recibe, el amor da. (Nadie podrá 62 recibir) sin fe. Nadie podrá dar sin amor. Por esto, para poder recibir ciertamente, creemos, para poder así amar y dar, porque si no se da con amor no se aprovecha lo que se ha dado. El que no ha recibido al Señor es todavía un hebreo.

Los apóstoles que existieron antes de nosotros tenían estos nombres para Él: «Jesús, el nazareno, Mesías», es decir, «Jesús, el nazareno, el Cristo». El último nombre es «Cristo», el primero es «Jesús», el de enmedio es «el nazareno». «Me-

---

[16] Se trata de una narración cosmogónica en que se nos hace posiblemente referencia a una relación adulterina entre Eva y un espíritu maligno. En el relato hay, pues, elementos comunes con los sethitas.

sías» tiene dos significados, «el Cristo» y «el medido». «Jesús» en hebreo es «la redención». «Nazara» es «la verdad». «El nazareno», por lo tanto, es «la verdad». «Cristo» ha sido medido. «El nazareno» y «Jesús» son los que han sido medidos. Cuando la perla es arrojada al barro no por ello es despreciada, ni se hace más preciosa porque se la unja con bálsamo. Sino que siempre tiene valor a los ojos de su poseedor. Comparémoslo con los hijos de Dios, estén donde estén. Tienen siempre su valor a los ojos de su Padre. Si decís «Soy judío», nadie se conmoverá. Si decís «Soy romano», nadie se perturbará. Si decís «Soy griego, bárbaro, esclavo, libre», nadie se perturbará. Si decís «Soy cristiano», el mundo temblará. Ojalá reciba yo ese nombre. Esta es la persona a la que los (poderes) no podrán soportar (cuando escuchen) su nombre.

Dios es un 63 devorador de hombres. Por esta razón los hombres son (sacrificados) a Él. Antes de que los hombres fueran sacrificados se sacrificaban animales, puesto que aquellos a los que eran sacrificados no eran dioses.

Las jarras de cristal y los cacharros de barro son hechos los dos por medio del fuego. Pero si las jarras de cristal se quiebran pueden ser recompuestas porque llegaron a ser a través del aliento. Si los cacharros de barro se quiebran, sin embargo, quedan destruidos porque llegaron a existir sin aliento.

Un asno que da vueltas a la piedra de un molino hizo cien millas caminando. Cuando lo soltaron vio que estaba todavía en el mismo lugar. Hay hombres que hacen muchos viajes pero que no avanzan hacia ningún destino. Cuando la noche cayó sobre ellos no vieron ninguna ciudad ni ningún pueblo, ni creación ni naturaleza, ni poder ni ángel. Los desgraciados se habían esforzado en vano.

La eucaristía es Jesús. Porque es llamado en siriaco «Farisaza» que significa «el que es esparcido», porque Jesús vino crucificando al mundo. El Señor fue a las obras señaladas de Leví. Tomó 72 colores diferentes y los puso en una tinaja. Después los sacó todos blancos. Y dijo «así también el Hijo del Hombre viene (como) uno que señala». En cuanto a la

Sabiduría que es llamada «la estéril», es la madre (de los) ángeles. Y la compañera del (Salvador) es María Magdalena [17]. (Y Cristo) la (amó) más que a (todos) los discípulos (y acostumbraba) a besarla (a menudo) en la (boca). El resto (de los discípulos 64 se ofendían) por ello (y expresaban su desaprobación). Le dijeron: «¿Por qué la amas más que a todos nosotros?». El Salvador respondió: «¿Por qué no os amo como a ella?». Cuando un ciego y uno que ve están juntos en la oscuridad, no son diferentes el uno del otro. Cuando llega la luz, el que ve verá la luz y el que es ciego seguirá en la oscuridad.

El Señor dijo: «Bienaventurado aquel que es antes del que vino a ser. Porque es, ha sido y será».

La superioridad del hombre no es obvia al ojo, sino que yace en lo que está oculto a la vista. Por lo tanto, domina a los animales que son más fuertes que él y es grande en relación con lo obvio y lo oculto. Esto los ayuda a sobrevivir. Pero si el hombre se separa de ellos, se matan y muerden entre sí. Se comieron entre sí porque no encontraron ningún alimento. Pero ahora han encontrado alimento porque un hombre sembró el suelo.

Si uno desciende al agua y sale sin haber recibido nada [18] y dice «Soy cristiano», ha tomado prestado el nombre. Pero si recibe el Espíritu Santo, tiene el nombre como regalo. El que ha recibido un regalo no tiene que devolverlo, pero del que ha recibido un préstamo se requiere un pago. Así (sucede) cuando alguien experimenta un misterio.

[17] El papel de Magdalena recibe en las líneas siguientes una preponderancia considerable y desprovista de base histórica.
[18] El texto hace referencia a una experiencia de tipo místico que estaría relacionada con el bautismo. De esto podemos deducir que los gnósticos seguían practicando el bautismo de adultos, al igual que sucede en el Nuevo Testamento, y rechazaban el de infantes. La referencia a una experiencia espiritual concreta posiblemente era un argumento contra la validez del sacramento administrado por la Iglesia oficial.

¡Grande es el misterio del matrimonio! [19]. Porque (sin) él el mundo (no habría existido). Porque la existencia (del mundo depende del hombre) y la existencia (del hombre del matrimonio). Pensad en la (relación incontaminada) porque posee (un gran) poder. Su imagen 65 consiste en una (contaminación) de la forma.

En cuanto a los espíritus (impuros) [20] los hay machos y hembras. Los machos son los que se unen con las almas que habitan en una forma femenina, pero las hembras son las que se mezclan con aquellos que viven en una forma masculina porque fue desobediente. Y ninguno puede escapar de ellos, porque lo retienen si no recibe un poder masculino o un poder femenino, el novio y la novia. Se les recibe desde la cámara nupcial de espejos. Cuando las mujeres lascivas ven a un varón sentado solo, saltan sobre él y juegan con él y lo contaminan. Lo mismo sucede con los hombres lascivos, cuando ven a una mujer hermosa que está sentada sola, la persuaden, la impulsan deseando contaminarla. Pero si ven al hombre y a su esposa sentados el uno al lado del otro, la hembra no puede ir al hombre ni el varón a la mujer. De manera que si la imagen y el ángel están unidos entre sí no pueden arriesgarse a entrar en el hombre ni en la mujer.

Aquel que sale del mundo no puede ya ser detenido porque estaba en el mundo. Es evidente que está sobre el deseo [...] y miedo. Es el amo de la (naturaleza). Es superior al deseo. Si (alguno más) viene, se apoderan de él y lo estrangulan. ¿Y cómo podrá este escaparse de los (grandes) poderes arrebatadores? ¿Cómo podrá (esconderse de ellos? A menudo) al-

---

[19] La interpretación mística del matrimonio ya aparece en autores como Oseas y, dentro del cristianismo neotestamentario, en Efesios 5, 32; no obstante, en ningún caso se da el desarrollo que posteriormente se produce en el gnosticismo.

[20] A continuación figura una descripción de los espíritus impuros que tienen relaciones con hombres y mujeres, lo que la teología medieval denominará íncubos y súcubos. Posibles antecedentes bíblicos de esta idea pueden hallarse en Génesis 6, 1-2, y Judas 6-8.

gunos (vienen y dicen): «Somos fieles», para (poder escapar
66 de los espíritus impuros) y los demonios. Porque si tuvieran el Espíritu Santo, ningún espíritu inmundo se apoderaría
de ellos. No temáis la carne ni la améis. Si la teméis, se conver-
tirá en vuestro amo. Si la amáis, os devorará y os paralizará.
O estará en este mundo o en la resurrección o en los lugares de en medio. No permita Dios que yo sea encontrado en
ellos. En este mundo hay bien y mal. Su bien no es bueno y
su mal no es malo. Pero hay mal según este mundo que es verdaderamente malo, lo que se llama «el medio» [21]. Es muerte.
Mientras estamos en este mundo, nosotros debemos adquirir
la resurrección para nosotros, para que cuando nos despoje-
mos de la carne podamos ser encontrados en descanso y no
caminar en el medio. Porque muchos se desvían por el camino.
Porque es bueno salir del mundo antes de haber pecado.

Algunos ni desean (pecar) ni pueden (pecar). Otros, (incluso) si desean (pecar), no son mejor por no haber cometido
(pecados) porque el deseo los hace pecadores. Pero (incluso)
si algunos no desean (pecar), la justicia quedará oculta de ambos, los que no desean y los que no hacen.

Un hombre apostólico en una visión vio a algunas personas encerradas en una casa de fuego y atadas con (cadenas)
de fuego, tumbadas en una (unción) de llamas. Poseían [...] y
él les dijo: «(¿Por qué no pueden) salvarse?». Contestaron:
«No lo desean. Recibieron (este lugar como) castigo, lo que
es llamado 67 la oscuridad (exterior) porque a ella es (arrojado)».

Del agua y del fuego nacen el alma y el espíritu. Del agua
y del fuego y de la luz (nace) el hijo de la cámara nupcial. El
fuego es el crisma, la luz es el fuego. No me estoy refiriendo
a ese fuego que no tiene forma, sino al otro fuego cuya forma
es blanca, que es brillante y hermosa, y que da belleza.

---

[21] Se trata de un estado intermedio de dudosa coherencia en los distintos tratados gnósticos. No parece que existiera sobre el mismo un concepto uniforme.

La verdad no vino al mundo desnuda, sino que vino en tipos e imágenes [22]. Nadie recibirá la verdad de otra manera. Hay un nacer de nuevo [23] y una imagen del nacer de nuevo. Es indispensable que nazcan de nuevo a través de la imagen. ¿Qué es la resurrección? La imagen tiene que volver a levantarse por la imagen. El novio y la imagen tienen que entrar por la imagen en la verdad: esta es la restauración. Es apropiado que aquellos que la tienen no solo adquieran el nombre del Padre y el Hijo y el Espíritu Santo, sino que lo hayan adquirido por sí mismos. Si uno no adquiere el nombre por sí mismo, el nombre (de «cristiano») le será también quitado. Pero uno los recibe en la unción aromática del poder de la cruz. A este poder los apóstoles lo llamaron «la izquierda y la derecha». Porque esta persona ya no es un cristiano sino un Cristo. El Señor (hizo) todo en un misterio, un bautismo y un crisma y una eucaristía y una redención y una cámara nupcial [24].

(El Señor) dijo: «Yo vine a hacer (las cosas de abajo) como las cosas (de arriba, y las cosas de) fuera como las de (dentro. Vine a unir) las en ese lugar». (Él se reveló a sí mismo) en este lugar mediante (tipos e imágenes). Aquellos que dicen «(Hay un hombre celestial y) hay uno sobre (él», están equivocados. Porque) el que es revelado (en el cielo es) 68 ese (hombre celestial), aquel que es llamado «el que está debajo»; y aquel al que lo oculto pertenece es aquel que está sobre él. Porque es

---

[22] Sin duda, el pasaje que viene a continuación se halla inspirado en el platonismo, y en especial su teoría de las ideas.

[23] La idea del «nuevo nacimiento» o «renacimiento» aparece en el Nuevo Testamento (véase Juan 3), pero ya había sido utilizada por la Diáspora judía antes de Jesús.

[24] Se trata de una enumeración de los sacramentos gnósticos. El término *sacramento* no aparece hasta Tertuliano, en el siglo III, y su fijación en número de siete no es anterior al siglo XI. Por este texto podemos conjeturar que habría ya cinco establecidos en la época en que se escribió el Evangelio, y que los gnósticos pretendían presentar una alternativa válida a los mismos recurriendo en parte a la Biblia y en parte a otro tipo de revelaciones de signo esotérico.

correcto que se diga: «Lo interior y lo exterior. Con lo que está fuera lo externo». A causa de esto, el Señor llamó a la destrucción la oscuridad externa. No hay nada fuera de ella. Dijo: «Mi Padre que está en lo secreto» [25] dijo: «Entra en tu habitación y cierra la puerta detrás de ti y ora a tu Padre que está en lo secreto», aquel que está dentro de todos ellos. Pero aquel que está dentro de todos ellos es la plenitud. Más allá de la cual no hay nada dentro. Este es aquello de lo que se dice: «aquello que está sobre ellos». Antes de Cristo vinieron algunos de un lugar en el que ya no podían entrar, y fueron al sitio del que ya no podían salir. Entonces Cristo vino. Aquellos que entraron, él los sacó, y aquellos que salieron, él los volvió a meter.

Cuando Eva estaba todavía en Adán, la muerte no existía. Cuando fue separada de él, la muerte vino a existir [26]. Si él volviera otra vez a ser completo, y alcanzara su primitivo ser, la muerte ya no sería más.

«Dios mío, Dios mío, ¿por qué, Señor, me has abandonado?» [27]. Estaba en la cruz cuando dijo estas palabras, porque allí fue dividido.

(Todos) los que han sido engendrados a través de aquel que (destruye, no emanaron) de Dios. El (Señor se levantó) de entre los muertos. (Llegó a ser como acostumbraba) a ser, pero ahora (su cuerpo era) perfecto. (Ciertamente poseía) carne, pero esta es la carne verdadera. (Nuestra carne) no es verdadera, sino que (poseemos) solo una imagen de la verdadera [28]. 69 Una cámara nupcial no es para los animales, ni para los esclavos, ni para las mujeres contaminadas, sino que es para los hombres libres y las vírgenes.

---

[25] Es una cita de Mateo 6, 6.

[26] Se trata de una adaptación del relato de la Creación que aparece en Génesis 2,18 y ss., al mito del andrógino.

[27] La cita corresponde originalmente a Marcos 15, 34, en que se registra a Jesús recitando el inicio del Salmo 22.

[28] Sobre la resurrección espiritual, véase 1 Corintios 15.

Por el Espíritu Santo hemos sido engendrados de nuevo [29], pero somos engendrados a través de Cristo en los dos. Somos ungidos a través del Espíritu. Cuando fuimos engendrados, fuimos unidos. Ninguno podrá verse a sí mismo ni en el agua ni en un espejo sin luz. Ni podrá ver en la luz sin agua o espejo. Por esta razón hay que bautizar en los dos, en la luz y en el agua. Ahora bien, la luz es el crisma. Había tres edificios destinados específicamente al sacrificio en Jerusalén. Uno daba hacia occidente y era llamado «el Santo». Otro daba cara al sur y era llamado «el Santo del Santo». El tercero daba a oriente y era llamado «el Santo de los Santos». El lugar donde solo el sumo sacerdote entra. El bautismo es el edificio «Santo». La redención es «el Santo del Santo». «El Santo de los Santos» es la cámara nupcial. El bautismo incluye la resurrección, (y la) redención; la redención (tiene lugar) en la cámara nupcial. Pero la cámara nupcial es superior a las otras cosas, porque no se puede encontrar nada como ella. (Aquellos que están familiarizados con ella) son los que oran en «el Santo» en Jerusalén. (Hay algunos en) Jerusalén que oran (solamente en) Jerusalén, esperando (el Reino de los Cielos). Estos son llamados «el Santo de los Santos», porque antes de que el velo fuera desgarrado no teníamos otra cámara nupcial excepto la imagen de 70 arriba [30]. A causa de esto su velo fue desgarrado de arriba abajo. Porque era necesario que algunos de abajo ascendieran arriba. Los poderes no ven aquellos que están vestidos en la luz perfecta, y por lo tanto no son capaces de detenerla. Uno se vestirá de esta luz sacramentalmente en la unión.

Si la mujer no se hubiera separado del hombre, no moriría con el hombre, su separación significa el inicio de la

---

[29] Véase nota 23.

[30] La argumentación puede que se originara en un pasaje relativamente similar que aparece en Hebreos 8, 9 y 10, libro del Nuevo Testamento escrito en clave deráshica. En este caso, sin embargo, el tema ha sido mucho más elaborado.

muerte. A causa de esto, Cristo vino a reparar la separación [31] que existía desde el principio y otra vez a unir a los dos, y a dar vida a aquellos que murieron como resultado de la separación y a unirlos. Pero la mujer está unida a su marido en la cámara nupcial. Ciertamente aquellos que se han unido en la cámara nupcial no serán separados [32]. Así, Eva se separó de Adán porque nunca había estado unida con él en la cámara nupcial. El alma de Adán vino a existir a causa de una inspiración, que es sinónimo de (Espíritu) [33]. El espíritu que se le dio es su madre. Su alma fue reemplazada por un (Espíritu). Cuando se unió al espíritu habló palabras incomprensibles para los poderes. Estos lo envidiaron (porque estaban separados de la) unión espiritual. [...] Oculto [...]. Esta separación les proporcionó la oportunidad (de diseñarse) para sí mismos la cámara nupcial (simbólica) que permitiría (que los hombres quedaran contaminados).

Jesús se reveló (a sí mismo en el) Jordán [34]: fue la (plenitud del Reino) de los Cielos. Aquel que había sido engendrado antes de todo 71 fue de nuevo engendrado. Aquel que fue ya ungido, fue ungido de nuevo. Aquel que fue redimido, a su vez redimió a otros.

¿Está permitido pronunciar un misterio? El Padre de todo se unió con la virgen que descendió, y un fuego brilló para él aquel día. Apareció en la gran cámara nupcial. Por lo tanto, su cuerpo llegó a ser en aquel mismo día. Dejó la cámara nupcial

---

[31] El tema ha sido tomado de la argumentación paulina contenida en el capítulo segundo de la Epístola a los Efesios, pero en este caso los elementos unidos son diferentes (en Pablo eran los judíos y los no judíos).

[32] Posiblemente se trata de una referencia a un matrimonio contraído para toda la eternidad. El Nuevo Testamento sostiene la tesis contraria (véase Romanos 7, 3).

[33] Se trata de una reinterpretación de Génesis 2, 7.

[34] Jesús es presentado como un ejemplo del cumplimiento de los ritos sacramentales. Si Él tuvo que someterse a los mismos parece lógico esperar tal actuación de sus seguidores.

como aquel que viene a existir por el esposo y la esposa, así Jesús estableció todo a través de esto. Ya pueden todos sus discípulos entrar en su descanso. Adán vino a ser de dos vírgenes, del Espíritu y de la tierra virgen. Cristo, por lo tanto, nació de una virgen [35] para rectificar la caída que sucedió en el principio. Hay dos árboles que crecen en el paraíso, uno produce (animales), el otro produce hombres. Adán (comió) del árbol que producía animales, se convirtió en un animal y engendró animales. Por esta razón los hijos de Adán adoran (animales). El árbol cuya fruta comió Adán es (el árbol del conocimiento, por eso) aumentaron (los pecados). (Si hubiera) comido del fruto del otro árbol, es decir, el fruto del (árbol de la vida, aquel) que produce hombres (entonces los dioses) adorarían al hombre (porque en un principio) Dios creó al hombre. (Pero ahora los hombres) 72 crean a Dios. Así sucede en el mundo, los hombres hacen dioses y adoran su creación. Lo lógico es que los dioses adoraran a los hombres.

Ciertamente, lo que un hombre realiza depende de sus capacidades. Nos referimos a las realizaciones de uno como (capacidades). Entre sus realizaciones se encuentran sus hijos. Estos se originan en un momento fácilmente. Así sus capacidades determinan lo que puede realizar, pero esta facilidad queda evidente de manera clara en los hijos. Se puede ver que esto tiene aplicación directa en el caso de la imagen. Aquí nos encontramos con el hombre hecho de acuerdo a una imagen, que realiza cosas con su fuerza física, pero que produce sus hijos con facilidad. En este mundo los esclavos sirven a los libres. En el Reino de los Cielos los libres servirán a los esclavos: los hijos de la cámara nupcial servirán a los hijos del matrimonio. Los hijos de la cámara nupcial tendrán solo un nombre. Juntos

---

[35] La referencia al nacimiento virginal de Jesús se encuentra neotestamentariamente en Mateo 1 y Lucas 1 y 2. La base cristiana de esta argumentación procede, sin embargo, de un origen veterotestamentario, y más concretamente de Isaías 7, 14.

comparten el descanso. No necesitan tomar otra forma (porque tienen) la contemplación (y comprenden por su penetración). Son numerosos (porque no ponen su tesoro) en las cosas (de abajo, que son despreciables, sino) en las glorias que (están arriba aunque no llegarán) ni siquiera a conocerlas. Aquellos (que sean bautizados descenderán) al agua [36]. (Pero Cristo al salir) fuera del agua la consagrará, de manera que aquellos que hayan (recibido el bautismo) en Su nombre (pueden ser perfeccionados). Por esto Él dijo: «Cumplamos toda 73 justicia» [37]. Aquellos que dicen que morirán primero y luego resucitarán están equivocados. Si no reciben primero la resurrección mientras viven, cuando mueran no recibirán nada [38]. Lo mismo sucede cuando hablan acerca del bautismo diciendo: «El bautismo es una cosa grande», porque si la gente lo recibe vivirá.

Por eso Felipe el apóstol dijo: «José el carpintero plantó un jardín porque necesitaba madera para su negocio. Hizo la cruz de los árboles que plantó. Su propia descendencia colgó de aquello que había plantado. Su descendencia era Jesús, y lo que había plantado era la cruz». Pero el árbol de la vida está en medio del jardín, sin embargo, obtenemos el crisma del olivo, y del crisma obtenemos también la resurrección. Este mundo es un devorador de cadáveres. Todas las cosas devoradas en él mueren también. La verdad es una devoradora de vida, por lo tanto ninguno que se alimente de ella vivirá. Desde ese lugar vino Jesús y trajo el alimento. A aquellos que lo deseaban les dio (la vida, para que) pudieran evitar la muerte.

---

[36] El bautismo practicado por los gnósticos, a semejanza del contenido en el Nuevo Testamento, es por inmersión, como se sigue practicando hoy día en algunas iglesias cristianas. Muy posiblemente el paso al bautismo por aspersión se debió a un intento católico de fusionar el bautismo cristiano con la ceremonia del derecho romano para la imposición de nombre al recién nacido.

[37] Se trata de una referencia al texto de Mateo 3, 15.

[38] Esta postura gnóstica es condenada expresamente en el Nuevo Testamento (véase 2 Timoteo 2, 18).

Dios (plantó) un jardín. El hombre (fue puesto en el) jardín [39]. Había (muchos árboles allí para él), y el hombre (vivió) en (este lugar) con la (bendición y a imagen) de Dios. Las cosas que hay allí (las comeré cuando) desee. Este jardín (es el lugar donde) me dirán: «(Oh hombre, come) esto o no comas (aquello, haz como) 74 quieras». Este es el lugar donde comeré todas las cosas, puesto que el árbol del conocimiento está allí. Aquel mató a Adán, pero aquí el árbol del conocimiento hizo vivos a los hombres. La ley era el árbol. Tiene poder para dar el conocimiento de lo bueno y lo malo. No le apartó de lo malo, ni le hizo hacer lo bueno, sino que creó la muerte para aquellos que comían de él. Porque cuando dijo: «Come esto, no comas aquello», se convirtió en el principio de la muerte.

El crisma es superior al bautismo, porque viene de la palabra «Jrisn» por la cual nosotros somos llamados «Cristianos», ciertamente no lo somos llamados por la palabra «bautismo». Y a causa del crisma «el Cristo» tiene nombre. Porque el Padre ungió al Hijo, y el Hijo ungió a los apóstoles, y los apóstoles nos ungieron a nosotros. Aquel que ha sido ungido posee todo, posee la resurrección, la luz, la cruz, el Espíritu Santo. El Padre le dio esto en la cámara nupcial; él aceptó solamente. El Padre estaba en el Hijo y el Hijo estaba en el Padre. Este es el Reino de los Cielos [40].

El Señor dijo claramente: «Algunos han entrado en el Reino de los cielos riendo y han salido». (No permanecen allí) porque no son cristianos (otros no se quedan porque lo lamentan) después. Y tan pronto como (Cristo descendió) al agua salió (riéndose de) todo lo que hay en este mundo, no porque él lo considerara una bagatela, sino porque estaba lleno de preocupación por ello. Aquel que (quiera entrar) en el Reino de (los cielos, lo alcanzará). Si desprecia (todo lo que

---

[39] El texto elegido para ilustrar la Creación es el preferido por los gnósticos dentro del Antiguo Testamento (véase Génesis 2, 8).

[40] El origen de la frase cabe encontrarlo en Juan 17, 21.

es de este mundo) y se burla de ello como si fuera una bagatela (saldrá) riéndose. Lo mismo sucede también 75 con el pan y la copa y el óleo, aunque no existe nada superior a estos. El mundo se produjo por una equivocación. Porque el que lo creó quiso crearlo de tal manera que no pudiera perecer y que resultara inmortal [41]. Pero no llegó a alcanzar su deseo. Porque el mundo nunca llegó a dejar de ser perecedero. Ni, en ese asunto, lo fue el que hizo el mundo. Porque las cosas no son imperecederas, pero sí lo son los hijos. Nada podrá recibir la imperecibilidad si no se convierte antes en un hijo. Pero el que no tiene la capacidad de recibir, ¿cuánto más carecerá de capacidad para dar?

La copa de oración contiene vino y agua, puesto que está colocada como el tipo de la sangre por la cual se dan gracias. Y está llena del Espíritu Santo, y pertenece al hombre que es completamente perfecto. Cuando bebemos esto, recibimos para nosotros mismos al hombre perfecto. El agua viva es un cuerpo. Es necesario que nos vistamos del hombre vivo. Por lo tanto, cuando alguien va a descender al agua, se desnuda para poder vestirse del hombre vivo. Un caballo engendra a un caballo, un hombre engendra a un hombre, un Dios engendra a un Dios. Comparemos esto con el novio y la novia. (Sus hijos) fueron concebidos en la (cámara nupcial). Ningún judío (nació) de padres griegos (desde que el mundo) existió. Y (como) cristianos, (no descendemos) de judíos. (Hubo) otra (gente y) estos (benditos) son llamados «el pueblo escogido del (Dios vivo)» 76. Y «El verdadero hombre» y «el Hijo del Hombre» y «la semilla del Hijo del Hombre». En el mundo es llamado «este pueblo verdadero». Donde ellos están, están los hijos de la cámara nupcial.

---

[41] La cosmogonía gnóstica presentada aquí, que pretende atribuir el origen del mundo a un error, se contradice totalmente con la teología bíblica de Génesis 1, donde el mundo es algo bueno *per se*. Si el mundo se ve reducido al estado actual, no se debe a Dios sino a la caída de Adán. Por el contrario, el gnosticismo carga la responsabilidad en la cuenta del Creador, que sería un dios perverso al que se conoce con diversos nombres.

Mientras en este mundo la unión es de esposo con esposa —un caso de fuerza complementado por la debilidad—, en el eón la forma de unión es diferente, aunque nos referimos a ella con los mismos nombres. Hay otros nombres, sin embargo; son superiores a todo nombre que es nombrado, y son más fuertes que lo fuerte. Porque donde hay una manifestación de fuerza allí aparecen aquellos que superan en fuerza. Estos no son algo separado, sino que ambos son una sola cosa. Este es aquel que no podrá levantarse por encima del corazón de carne. ¿No es necesario para todos aquellos que poseen todo conocerse a sí mismos? Algunos, ciertamente, si no se conocen a sí mismos, no disfrutarán lo que poseen. Pero aquellos que han llegado a conocerse a sí mismos disfrutarán de sus posesiones.

No solamente serán incapaces de detener al hombre perfecto, sino que ni siquiera podrán llegar a verlo, porque si lo vieran lo detendrían. No hay otra forma para que una persona adquiera esta cualidad excepto vistiéndose de la luz perfecta, y haciéndose uno mismo perfecto. Aquel que se la ha puesto entrará (en el Reino). Esto es la perfecta (luz, y es necesario) que nosotros (por todos los medios) lleguemos a ser (hombres perfectos) antes de que abandonemos (el mundo). Aquel que ha recibido todo (y no se ha liberado a sí mismo) de estos lugares (no) podrá (participar de) ese lugar, sino que irá (al medio) como imperfecto. 77 Solamente Jesús conoce el final de esta persona.

El sacerdote es completamente sano, en lo referente a su mismo cuerpo, porque si él ha tomado el pan, ¿acaso no lo consagra? La copa o algo más que él tome, ¿acaso no lo consagra? ¿Entonces cómo no iba a consagrar también su cuerpo? [42].

Al perfeccionar el agua del bautismo, Jesús la vació de la muerte. Así que descendemos al agua, pero no descendemos

---

[42] Una solución totalmente opuesta a esta misma discusión se encuentra en el libro bíblico del profeta Malaquías, capítulos 1 y 2.

a la muerte para que no seamos derramados en el Espíritu del mundo. Cuando ese Espíritu sopla, trae el invierno, y cuando el Espíritu Santo sopla, llega el verano.

El que tiene conocimiento de la verdad es un hombre libre, pero el hombre libre no peca, porque el que peca es un esclavo del pecado [43]. La verdad es la madre, el conocimiento es el padre. Aquellos que piensan que el pecar no está relacionado con ellos son llamados libres por el mundo. El conocimiento de la verdad simplemente convierte a esta gente en arrogantes, que es lo que significan las palabras «los liberan». E incluso les dan un sentimiento de superioridad sobre todo el mundo. Pero el amor edifica [44]. De hecho, aquel que es realmente libre a través del conocimiento [45], es un esclavo a causa del amor hacia aquellos que no han sido capaces de alcanzar la libertad del conocimiento todavía. El conocimiento los capacita para llegar a ser libres. El amor (nunca llama) a algo como suyo, y sin embargo puede llegar a poseer (cualquier cosa). Nunca (dice «esto es mío») o «eso es mío», (pero «todas estas cosas) son suyas». El amor espiritual es vino y fragancia. 78 Todos aquellos que se ungen a sí mismos con él se complacen en él, mientras que aquellos que están ungidos están presentes, aquellos que están cerca también se aprovechan (de la fragancia). Si aquellos que están ungidos con la unción los abandonan y se retiran de ellos, aquellos que no están ungidos, aquellos que simplemente están cerca, siguen permaneciendo en su mal olor. El samaritano no dio al hombre herido más que vino y aceite [46], no existe otra cosa más

[43] Es una cita de Juan 8, 34.

[44] Se trata de una referencia a 1 Corintios 8, 1.

[45] Sin lugar a dudas, nos encontramos con una referencia muy explícita a la liberación gnóstica a través del conocimiento, conocimiento que aquí se identifica con una serie de verdades esotéricas.

[46] Se trata de una referencia al capítulo 10, versículo 34, del Evangelio de Lucas. No obstante, en este caso se ha procedido a una interpretación alegórica de los dos elementos, identificando lo que en la parábola es un acto humanitario con la entrega de dos sacramentos.

que la unción, Sanó las heridas, porque el amor cubre multitud de pecados [47].

El hijo al que da a luz una mujer se parece al hombre que la ama; si su esposo la ama, entonces ambos se parecen a su esposo; si es adúltera, entonces se asemejan a la adúltera. Frecuentemente, si una mujer duerme con su marido por necesidad, mientras su corazón está con el adulto con el que tiene habitualmente relaciones sexuales, el niño que luego dará a luz, el niño nace pareciéndose a la persona con la que comete adulterio. Ahora vosotros que vivís juntos con el hijo de Dios, no amad al mundo, sino amad al Señor, para que aquello que produzcáis no se asemeje al mundo, sino que se pueda parecer al Señor.

El ser humano tiene relaciones sexuales con el ser humano, el caballo tiene relaciones sexuales con el caballo, el asno con el asno. Los miembros de una raza, generalmente, se han asociado con aquellos de raza semejante. Así, el Espíritu se mezcla con el Espíritu, y el pensamiento es compañero del pensamiento, y (la luz) se asocia (con la luz. Si tú) has nacido como ser humano, (al ser humano) amarás; si te conviertes (en un Espíritu), es el espíritu el que se unirá a ti. Si llegas a convertirte en pensamiento, el pensamiento se mezclará 79 contigo. Si llegas a convertirte en luz, la luz tendrá comunión contigo. Si llegas a ser uno de los que pertenecen arriba, descansarán sobre ti aquellos que pertenecen arriba. Si te conviertes en un caballo o un asno o un toro o un perro o una oveja o cualquier otro de los animales que están fuera o debajo, entonces ni el ser humano, ni el espíritu ni el pensamiento ni la luz podrán amarte, ni aquellos que pertenecen arriba ni aquellos que pertenecen adentro podrán descansar en ti y no tendrás parte con ellos. Aquel que es un esclavo contra su voluntad podrá llegar a hacerse libre. El que se ha convertido en libre por el favor de su amo, y se ha vendido a sí mismo a la esclavitud, ya no podrá llegar a liberarse.

---

[47] Es una cita de 1 Pedro 4, 8.

El cultivo en el mundo requiere la cooperación de cuatro elementos esenciales [48]. Una cosecha se reúne en un granero solo como resultado de la acción natural del agua, la tierra, el viento y la luz. El cultivo de Dios de la misma forma tiene cuatro elementos: fe, esperanza, amor y conocimiento. La fe es nuestra tierra, en la cual nos arraigamos. La esperanza es el agua a través de la cual somos alimentados. El amor es el viento, a través del cual crecemos; el conocimiento es la luz, a través de la cual (maduramos). La gracia existe de (cuatro maneras) es decir, nace de la tierra, es (celestial; viene de) el cielo más alto; y (reside) en (la verdad).

Bienaventurado es aquel que en ninguna ocasión produjo turbación al alma. 80 Esa persona es Jesucristo, vino a todo lugar y no resultó gravoso para nadie. Por lo tanto, bienaventurado es aquel que se asemeja a esto, porque es un hombre perfecto. Ciertamente es la Palabra. Habladnos acerca de ella, porque es difícil de definir. ¿Cómo podríamos realizar algo tan grande? ¿Cómo nos dará a todos descanso? Sobre todo, no es bueno resultar gravoso para nadie —sea una persona grande o pequeña, creyente o incrédula— y después dar reposo solamente a aquellos que se satisfacen en las buenas obras. Algunos encuentran que es bueno dar reposo a aquel que se ha comportado bien. Aquel que hace buenas obras no puede dar reposo a esa gente, porque va contra su voluntad, es incapaz de ser gravoso. Sin embargo, no los aflige. Seguramente, aquel que se comporta bien a veces resulta gravoso a la gente, no porque quiera serlo, sino más bien es a causa de la perversidad de estos que es responsable del disgusto que sienten. Aquel que posee las cualidades (del hombre perfecto) se regocija en lo bueno. Algunos, sin embargo, se sienten terriblemente apesadumbrados por todo esto.

---

[48] Las reminiscencias de las teorías presocráticas sobre los cuatro elementos resultan palpables en este caso, pero es evidente que los gnósticos han modificado tales tesis para apoyar su particular cosmogonía.

Hubo un propietario que tenía toda cosa concebible, ya fuera hijo o esclavo o ganado o perro o cerdo o grano o cebada o paja o hierba o aceite o carne y bellota. (Ahora bien, era) un sujeto sensible, y sabía de quién era cada alimento. Servía el pan a los hijos (y la carne). Servía a los esclavos el aceite () y la comida. Arrojaba la cebada y la paja y la hierba al ganado. Lanzaba huesos a los perros, y a los cerdos les daba bellotas 81 y mendrugos de pan. Comparemos esto con el discípulo de Dios. Si es una persona sensible, comprende lo que significa el discipulado, las formas corporales no le engañarán, sino que mirará a la condición del alma de cada uno y hablará con él. Hay muchos animales en el mundo que existen en forma humana. Cuando él los identifique, al cerdo le tirará bellotas, al ganado le arrojará cebada, paja y hierba, a los perros arrojará huesos. A los esclavos les dará solamente lecciones elementales, a los hijos les dará una instrucción completa.

Existe el Hijo del Hombre y existe el Hijo del Hijo del Hombre. El Señor es el Hijo del Hombre, y el Hijo del Hijo del Hombre es aquel que es creado a partir del Hijo del Hombre. El Hijo del Hombre recibió de Dios la capacidad de crear, también tiene la capacidad de engendrar. El que ha recibido la capacidad de crear es una criatura, el que ha recibido la capacidad de engendrar es un descendiente. El que crea no puede engendrar. El que engendra tiene también el poder de crear. Ahora bien, ellos dicen: «Aquel que crea engendra». Pero su denominada «descendencia» es simplemente una criatura. (Por lo tanto) sus hijos no son descendencia sino (criaturas). Aquel que crea actúa abiertamente y él mismo es visible. El que engendra engendra (privadamente) y él mismo está oculto (puesto que es superior a toda) imagen. Aquel que crea (crea) abiertamente. Pero aquel que engendra (engendra) hijos en privado. Nadie podrá saber cuándo (el esposo) 82 y la esposa tienen relaciones sexuales el uno con la otra, excepto ellos dos. Ciertamente, el matrimonio en el mundo es un misterio para aquellos que han tomado una esposa. Si hay una cualidad oculta en el matrimonio contaminado, cuánto más en el matrimonio que no es contaminado y que consiste en un misterio verdadero. No es carnal, sino puro. Pertenece no al deseo, sino a la voluntad. Pertenece no a la oscuridad ni a la noche, sino al día y la luz. Si un matrimonio está abierto al público, se ha convertido en prostitución, y la esposa se prostituye no solo cuando es impregnada por otro hombre, sino incluso si se desliza de su alcoba y es vista. Debe mostrarse solo a su padre y a su madre, y al amigo del novio, y a los hijos del novio. A estos se les permite entrar cada día en la cámara nupcial. Pero los otros deben esperar a escuchar su voz y a disfrutar de su unción y deben alimentarse de los mendrugos que caen de la mesa como hacen los perros. Los novios y las novias pertenecen a la cámara nupcial. Nadie podrá ver al novio con la novia (convertirse) en uno.

Cuando Abraham (se regocijó) porque iba a ver lo que iba a ver, (circuncidó) la carne del prepucio, enseñándonos que es apropiado destruir la carne [49].

(La mayoría de las cosas) del mundo, igual que sus (partes internas) están ocultas. Así permanecen ocultas y vivas. (Si son reveladas) mueren, como se ilustra en el hombre visible. Los intestinos de un hombre están ocultos, y el hombre está vivo; 83 cuando sus intestinos quedan expuestos y salen de él, el hombre muere. Lo mismo sucede con el árbol: mientras su raíz está oculta, él fructifica y crece. Si su raíz queda expuesta, el árbol muere. Lo mismo sucede con todo nacimiento que exista en el mundo, no solamente con lo revelado, sino con lo oculto. Porque en la medida en que la raíz de iniquidad está oculta es fuerte. Pero cuando es reconocida, se disuelve. Cuando es revelada, perece. Por eso la palabra dice: «Ya está colocada la hoz en la raíz de los árboles» [50]. No será

---

[49] El pasaje se refiere a lo narrado en Génesis 17, pero se da a la historia un contenido espiritual que ya aparece en la Biblia misma (véase Colosenses 2, 11).

[50] Se trata de una cita de Mateo 3, 10, referente a la predicación del juicio venidero por Juan el Bautista. El contexto y la aplicación se han visto alterados para satisfacer las finalidades de los gnósticos.

meramente cortada —porque lo que se corta vuelve a brotar—, sino que la hoz penetra profundamente hasta que arranca la raíz. Jesús desarraigó la raíz de todos los lugares, mientras otros lo hicieron solo parcialmente. En cuanto a nosotros mismos, tenemos que excavar la raíz del mal que está dentro y arrancarla de nuestro corazón de raíz. Será arrancada si la reconocemos, pero si la ignoramos se enraizará en nosotros y producirá su fruto en nuestro corazón. Se apodera de nosotros. Somos sus esclavos. Nos cautiva, nos hace hacer lo que no queremos hacer, y lo que queremos hacer no lo hacemos. Es poderosa porque no la hemos reconocido. Mientras exista es activa. La ignorancia es la madre de «todo mal». La ignorancia acabará resultando en (muerte, porque) aquellos que lleguen (de la ignorancia) ni fueron ni (son) ni serán. (Pero aquellos que están en la verdad) 84 serán perfectos cuando toda la verdad sea revelada. Porque la verdad es como la ignorancia. Mientras está escondida descansa en sí misma, pero cuando es revelada y es reconocida es alabada porque es más fuerte que la ignorancia y el error. Proporciona la libertad. La palabra dice: «Si conocéis la verdad, la verdad os hará libres [51]. La ignorancia es una esclava. El conocimiento es libertad. Si conocemos la verdad, encontraremos los frutos de la verdad dentro de nosotros. Si nos unimos a ella, ella nos proporcionará nuestra consumación».

En el tiempo presente tenemos las cosas manifiestas de la creación. Decimos: «los fuertes son aquellos que son considerados en alta estima. Y los oscuros son los débiles que son despreciados». Debemos contrastar esto con las cosas manifiestas de la verdad: son débiles y despreciadas, mientras que las cosas ocultas son fuertes y son tenidas en alta estima. Los misterios de la verdad son revelados, aunque en tipo y en imagen. La cámara nupcial, sin embargo, permanece oculta. Es el santo en el santo. El velo al principio ocultaba la manera en que Dios controlaba la creación, pero cuando el velo de den-

---

[51] Referencia al texto de Juan 8, 32.

tro sea desgarrado y las cosas de dentro sean reveladas, esta casa será dejada en desolación, o más bien será (destruida).

Pero toda la divinidad inferior no huirá (de) estos lugares a los santos (de los santos), porque no podría mezclarse con la (luz) no mezclada y con la plenitud sin defecto, sino que estará bajo las alas de la cruz (y bajo) sus brazos. Esta arca será (su) salvación cuando el Diluvio 85 de agua surja sobre ellos [52]. Si algunos pertenecen al orden del sacerdocio, podrán entrar detrás del velo con el sumo sacerdote. Por esta razón, el velo no fue desgarrado solo arriba [53], porque entonces hubiera estado abierto solo a los que están arriba, ni fue desgarrado solamente abajo, porque entonces hubiera sido revelado solamente a los que están abajo. Sino que fue desgarrado de arriba abajo. Aquellos que están arriba lo abrieron a nosotros los que estamos abajo, de manera que pudiéramos entrar en el secreto de la verdad. Esto verdaderamente es lo que es considerado de alta estima, porque es fuerte. Pero entraremos allí mediante los tipos bajos y las formas de la debilidad. Son ciertamente bajos cuando se les compara con la gloria perfecta. Hay gloria que sobrepasa la gloria. Hay poder que sobrepasa el poder. Por lo tanto, las cosas perfectas se han abierto a nosotros junto con las cosas ocultas de la verdad. Los santos de los santos fueron revelados, y la cámara nupcial nos invitó a penetrar en su interior.

Mientras queda oculta, la iniquidad ciertamente es inefectiva, pero no ha quedado apartada de en medio de la descendencia del Espíritu Santo. Son esclavos del mal. Pero cuando se les revele, entonces la luz perfecta fluirá sobre cada uno de ellos. Y todos aquellos que estén en ella (recibirán el crisma).

---

[52] Un paralelo notable entre estos distintos momentos de juicio, limpieza y salvación lo constituye el capítulo 3 de la Segunda Epístola de Pedro.

[53] Se trata de una referencia al velo del Templo que se rasgó de arriba abajo en el momento de la muerte de Jesús (véase Mateo 27, 51). Diversas fuentes judías parecen apoyar la historicidad de tal hecho, humanamente inexplicable. Véase Flavio Josefo, *Bell. Iud.*, y Yoma 39, 2.

Después los esclavos serán libres (y) los cautivos resultarán rescatados. «(Toda) planta (que) mi Padre que está en los cielos (no ha) plantado (será) desarraigada»[54]. Aquellos que están separados serán unidos (y) serán llenados. Todos los que (entren) en la cámara nupcial encenderán la (luz), porque (arde) al igual que los matrimonios que son (observados, aunque) sucedan de noche. Ese fuego (quema) solamente 86 de noche y es apagado. Pero los misterios de este matrimonio son perfeccionados más bien durante el día y bajo la luz. Ni ese día ni su luz se ponen nunca. Si alguno se convierte en un hijo de la cámara nupcial, recibirá la luz. Si alguno no la recibe mientras está en estos lugares, no podrá recibirla en otro lugar. Aquel que reciba esa luz no puede ser visto ni puede ser detenido. Y nadie podrá atormentar a una persona como esta, incluso mientras viva en el mundo. Y de nuevo cuando deje el mundo ya habrá recibido la verdad en las imágenes. El mundo se habrá convertido en el eón, porque el eón es la plenitud para él. Así es como sucede: se le revela a él solo: no queda oculto en la oscuridad y en la noche, sino oculto en un día perfecto y en una luz santa.

El Evangelio según Felipe.

---

[54] Es una cita de Mateo 15, 13.

Bibliografía

E N los diferentes capítulos hemos reseñado la bibliografía específica relacionada con los temas concretos abordados en los mismos. En esta sección bibliográfica solo hacemos mención de las obras generales relacionadas con la Gnosis que pueden ser de interés para una profundización ulterior de la temática tratada en la presente obra.

La traducción de los textos del NT ha sido realizada directamente por el autor a partir del He Kainé Diazeké, Londres, TBS, 1994. Para los textos patrísticos hemos recurrido a la edición clásica de Migne. En cuanto a los pasajes de la biblioteca de Nag Hammadi, los hemos vertido del original copto a partir de la edición facsímil de los códices, Leiden, 1978.

F. C. BAUR, *Die Christliche Gnosis,* Tubinga, 1835.

F. G. BAZAN, *Plotino y la Gnosis,* Buenos Aires, 1981.

K. BEYSCHLAG, *Simon Magus und die christliche Gnosis,* Tubinga, 1974.

U. BIANCHI, *Le origini dello gnosticismo,* Leiden, 1967.

G. L. BORCHERT, «Is Bultmann's theology a new Gnosticism?» en *Evangelical Quarterly,* 36, 1964, págs. 222(c) 8. Œ F.

C. BURKITT, *Church and Gnosis,* Cambridge, 1932.

L. DUPONT, *Gnosis. La connaissance religieuse dans les epitres de St. Paul,* París, 1949.

W. ELSTETER (ed.), *Christentum und Gnosis,* Berlín, 1969.

G. FILORAMO, *A History of Gnosticism*, Cambridge y Oxford, 1992.

W. FARSTER, *Gnosis*, Oxford, 1972.

R. M. GRANT, *Gnosticism and Early Christianity*, Nueva York, 1966.

S. HUTIN, *Les Gnostiques*, París, 1963.

H. JONAS, *The Gnostic Religion*, Boston, 1963.

H. KRAUSE, *Gnosis and Gnosticism*, Leiden, 1977, 1981.

A. ORBE, *Cristología gnóstica*, Madrid, 1976.

S. PÉTREMENT, *Le Dieu séparé. Les origines du Gnosticisme*, París, 1984.

H. C. PUECH, *Gnostic Studies*, 2 vols., Estambul, 1974.

K. RUDOLPH, *Gnosis*, Edimburgo, 1983.

— (ed.), *Gnosis und Gnostizismus*, Darmstadt, 1975.

J. M. A. SALLES, *Dabadie, Recherches sur Simon le Mage*, París, 1969.

W. SCHMITHALS, *Die Gnosis in Korinth*, Gotinga, 1956.

K. W. TRAGER (ed.), *Gnosis und Neues Testament*, Berlín, 1973.

C. VIDAL, *Diccionario de Patrística*, Estella, 1992.

El Primer Evangelio: el Documento Q, Barcelona, 1993.

Diccionario de las tres religiones monoteistas: judaismo, cristianismo e islam, Madrid, 1993.

El judeocristianismo palestino en el s. I: de Pentecostés a Jamnia, Madrid, 1994.

Diccionario de Jesús y los Evangelios, Estella, 1994.

Enciclopedia de las religiones, Barcelona, 1995.

R. McL. WILSON, *The Gnostic Problem*, Londres, 1964.

E. YAMAUCHI, *Pre(c) Christian Gnosticism*, Londres, 1973.